KB080396

청소년 탈무드 (5000년 지혜의 빛)
판권은 표지 뒷면에 있습니다. (표 4)
전화: 010-2614-2727
팩스: (031)477-2727

5000년 지혜의 빛

청소년
탈무드

탈무드 연구회/박종익 편역

Long run 롱런

배려란 상대를 이해하고 나를 낮추는 것으로부터 비롯된다. 그러므로 배려는 곧 사랑이다.

유태인은 금전을 좋은 것이라고도 나쁜 것이라고도 하지 않는다. 돈이 있는 편이 없는 편보다 인생에 있어서 여러모로 많은 기회가 주어지기 때문이다.

절정의 행복을 누리는 사람이 고난의 나락으로 떨어지는 것은 일순간이다. 그렇지만 불행한 사람이 행복을 얻으려면 평생 걸려야 할지도 모른다.

유태인은 살아 있는 한 끝까지 배운다. 그들은 배우는 것이 성스러운 임무이며 보람이라고 생각한다. 그래서 배우는 것을 매우 중요시 한다.

어차피 헤어질 일이라면 결혼을 하고 난 후가 아니라 약혼 중에 하는 편이 낫다. 생활의 안정도 없이 무조건 결혼을 한다는 것은 어리석은 짓이다.

자기의 과거를 돌아보면 입을 잘못 놀렸거나 참견한 일에 대하여 후회한 적은 많아도, 침묵하고 있었던 것을 후회한 적은 거의 없을 것이다.

인생은 중용이다. 세상사는 여러 가지 요소로 구성되어 있기 때문이다.

어느 한 젊은이가 유태인을 알기 위해 구약 성서와 유태인에 관련된 여러 가지 책들을 많이 읽었다. 그러나 그는 유태인이 아니었기 때문에 그들의 본질을 이해할 수 없었다.

그러던 어느 날 유태인의 본질을 알기 위해서는 먼저 탈무드(유태인들의 생활 규범.)를 공부하는 것이 유일한 방법임을 깨닫게 되었다. 그 젊은이는 랍비를 찾아갔다.

랍비(Rabbi)는 유태교에서 율법사를 높이어 일컫는 말이다. 이들은 때때로 가르치는 선생이며, 시시비비를 가리는 재판관이며, 보살펴 주는 부모이기도 하다.

그 젊은이는 말했다.

"탈무드를 공부하고 싶습니다."

랍비가 말했다.

"자네가 탈무드를 공부하고 싶다고 말했지만, 내가 보기엔 아직 멀었네."

그러자 그 젊은이는 전혀 자기의 뜻을 굽히지 않았다.

"저는 꼭 탈무드를 공부하고 싶습니다. 제발 랍비님이 무엇이든 물어봐 주십시오. 그러면 제가 탈무드를 공부할 자격이 있는지 없는지를 곧 알게 될 것입니다."

랍비가 말했다.

"정 그렇다면 간단한 것으로 한 번 물어보겠네. 여름 방학 동안에 두 아이가 집 안 굴뚝 청소를 했다네. 그런데 여기서 한 아이는 얼굴에 그을음이 묻어 있었고, 다른 한 아이는 그을음이 묻지 않은 상태였네. 그렇다면 자네는 두 아이 중에서 어느 아이가 얼굴을 씻었다고 생각하는가?"

"물론 얼굴에 그을음이 묻은 아이가 씻었을 것입니다."

"그러기에 자네는 아직도 탈무드 공부를 할 자격이 없는 것이라네."

"그렇다면 누가 씻었습니까?"
"만일 자네가 탈무드를 공부한다면 그 답을 얻을 수 있을 것이라네."

잠시 후 랍비는 이렇게 설명했다.

"두 아이가 굴뚝을 청소했는데, 한 아이는 깨끗한 얼굴로, 또 한 아이는 더러운 얼굴로 굴뚝에서 나왔지. 얼굴이 더러운 아이는 얼굴이 깨끗한 아이를 보고 자기 얼굴도 깨끗하다고 생각한다네. 그러나 얼굴이 깨끗한 아이는 얼굴이 더러운 아이를 보고 자기 얼굴도 더럽다고 생각한다네."

그러자 젊은이는 갑자기 말했다.
"아, 알겠습니다. 다시 물어봐 주십시오."

랍비는 똑같은 질문을 했다.
"굴뚝을 두 아이가 청소했는데, 한 아이는 깨끗한 얼굴로 다른 한 아이는 더러운 얼굴로 굴뚝에서 나왔지. 자네는 어떤 아이가 얼굴을 씻을 거라고 생각하는가?"

젊은이는 이미 답을 들어 알고 있기 때문에 자신있게 대답했다.
"그야 당연히 얼굴이 깨끗한 아이가 씻습니다."

그러자 랍비는 이번에도 냉정하게 말했다.
"그러기에 자네는 탈무드에 대한 공부를 아직도 할 자격이 없다는 거야."

젊은이는 몹시 실망했다.
"그렇다면 도대체 탈무드는 어떻게 말하고 있습니까?"

그러자 랍비는 천천히 대답했다.
"그야 물론 두 아이가 모두 씻지, 두 아이가 함께 굴뚝 청소를 했다고 치면, 한 아이가 더러운 얼굴로 굴뚝에서 나왔고, 다른 한 아이가 깨끗한 얼굴로 나올 수는 없겠지?"

이처럼 탈무드를 이해한다는 것은 쉬운 일이 아니다. 누구나 쉽게 이해하는 것 같지만 어느 학생이 어느 교수가 어느 종교인이 이것을 다 이해한다고 자신 있게 말할 수 있겠는가?

탈무드가 어떤 것이며 어떻게 해서 만들어졌고, 어떠한 책인가를 설명한다는 것은 쉬운 일이 아니다. 탈무드는 모두 20권에 1만 2천 쪽이나 되며 단어 수로는 250만 개 이상이고, 무게가 75킬로그램이나 되는 방대한 책이다. 너무 요약해서 말하려면 탈무드의 본질에서 벗어나고, 그렇다고 하나하나 설명하려면 끝이 없다.

탈무드는 일반 책들과는 전혀 다른 인생 지침서라 할 수 있다. 1만 2천 쪽에 달하는 원전은 B.C. 500년부터 A.D. 500년에 이르는 1000년 간의 구전을 2,000명의 학자들이 10년 동안 자료를 수집하고 정리하여 만든 것이다. 따라서 이 탈무드는 유태인의 생활 규범으로 오늘날까지 면면히 전수되고 있다. 다시 말해 유태인 5천 년의 지혜요, 모든 지식의 샘이라 할 수 있다.

탈무드는 정치가나 관리 · 과학자 · 철학자 · 돈이 많은 사람. 저명인사가 만든 것이 아니다. 이것은 어디까지나 학자들에 의하여 정립된 문화 · 도덕 · 종교 · 전통 등이 전해진 것이다.

탈무드는 법전이 아니면서도 법률을 말하고 있고, 역사 책이 아니면서도 역사를 말하고 있고, 인명 사전이 아니면서도 수많은 인물을 말하고 있고, 백과 사전이 아니면서도 백과 사전과 같은 구실을 하고 있다.

5천 년의 유구한 세월만큼이나 유태인들의 지적 재산과 정신적인 자양분이 이 탈무드에 들어 있다.

탈무드야말로 진정한 의미의 기록이요, 장대하고 화려한 문화의 모자이크(Mosaic)이다. 따라서 이 탈무드를 통하지 않고서는 서구 문명을 탄생시킨 문화 양식과 사고방식을 이해할 수 없을 것이다.

탈무드는 고대 유태인의 사상이라기 보다는 구약성서에 뿌리를 두고 그것을 보완하여 그 범위를 넓혔다고 볼 수 있다. 따라서 기독교인들은 그리스도가 출현한 이후로 유태인의 문화 자체를 부정하거나 무시하면서까지 그것에 대한 존재를 전면적으로 거부해 왔던 것이다. 탈무드가 책으로 편찬되기 전까지는 랍비의 입에서 입으로 제자들에게 전해졌기 때문에 그 대부분은 문답 형식을 취하고 있다. 주제들 또한 히브리어와 아랍어로 씌어졌는데 탈무드가 편찬될 당시에는 구두점과 같은 부호는 물론 서문과 후기도 없이 그저 본문만 있었다.

당시 탈무드는 너무나 방대한 나머지 두서가 없었던 것이 사실이다. 그래서 유태인들은 귀중한 자료를 모아 정리를 하기로 하고 탈무드 전승자들을 널리 선발했다. 이때 머리가 지나치게 좋은 사람은 선발에서 제외시켰다. 그것은 그들의 개인적인 의견이나 생각이 추가되면 탈무드의 전승이 왜곡될 수도 있기 때문이다. 이렇게 수집된 구전으로 수백 년 동안이나 여러 도시에서 편찬이 추진됐다. 그러나 오늘 날에는 바빌로니아 탈무드와 팔레스타인 탈무드가 존재하고 있을 뿐이다. 이 가운데 바빌로니아 탈무드가 더 권위를 가지고 있으므로 탈무드라 하면 일반적으로 바빌로니아 탈무드를 가리킨다.

탈무드에는 이스라엘어를 비롯하여 바빌로니아어, 프랑스어, 독일어, 스페인어, 북아프리카어, 터키어, 폴란드어, 러시아어, 이태리어, 영어, 중국어 등 각 나라의 국어로 번역되었다.

탈무드는 생활을 실천하기 위한 책이다. 그러므로 그 어떤 책보다 귀하고 보배로운 것이다. 탈무드는 유태인의 얼이다. 2천년이란 오랜 세월 동안 뿔뿔이 흩어져 살아야만 했던 유태 민족에게는 오로지 이 탈무드만이 유태인들을 자각시켜 온 정신적인 지주였다.

오늘날 유태인이 한 사람 한 사람 하나같이 탈무드를 연구했다고는 볼 수 없다. 그러나 그들은 정신적 자양분을 이 탈무드에서 섭취하고 있고, 또한 생활 규범을 여기서 찾으려는 것도 사실이다. 탈무드는 유태인을 유태인으로 만들

어 왔고, 유태인들이 탈무드를 지켜 온 이상으로 유태 민족
을 지켜 왔다고 해도 과언이 아니다.

처음부터 **탈무드**는 '**위대한 연구**' '**위대한 학문**' '**위대한 고
전 연구**'란 뜻을 가지고 있다. 탈무드는 어떤 책을 펴 보아
도 어김없이 2쪽부터 시작된다. 그것은 탈무드를 읽지 않
더라도 당신은 이미 탈무드를 연구하고 있는 사람으로 인
정하는 것이다. 유태인들은 탈무드를 '**바다**'라고 부른다. 그
만큼 세상 모든 것이 그 안에 있고, 그 깊은 속에 무엇이 있
는지 모르기 때문이다.

탈무드에는 다음과 같은 이야기가 있다.

두 젊은이가 오랜 여행 끝에 몹시 지치고도 배가 고파 어
느 집인가를 들어가게 되었다.

그곳 천정에는 먹음직한 과일이 가득 든 바구니가 매달려
있었다.

이것을 본 젊은이가 말했다.

"너무 높은 곳에 있으니 먹고 싶어도 꺼낼 수가 없네."

그러자 다른 한 젊은이가 말했다.

"정말 먹음직스럽게 보이는 걸, 물론 높은 데 있기는 하지. 그렇지만 나는 저것을 꼭 먹어야겠어.

누군가가 틀림없이 저기에 매달아 놓은 거야, 그러니 나라고 저기까지 못 올라갈 이유가 없지."

그는 주위에 있는 사다리를 이용해 한 발 한 발 올라간 다음 과일을 꺼내어 맛있게 먹었다.

탈무드가 아무리 심오하고 위대하다 한들 사람이 만들어 낸 것이다. 그렇기 때문에 사람인 우리들이 그것을 우리 것으로 만들지 못할 이유는 없는 것이다.

단지 한 발 한 발 사다리를 딛고 위로 올라가지 않으면 안 된다는 것뿐이다.

탈무드는 그 한 쪽을 펼쳐 보는 것만으로도 충분히 위인들이 천년 동안 끊임없이 전해 온 이야기를 들을 수 있는 것이다.

탈무드는
배움을 위한
책

탈무드의 수난과 랍비에 대한 이해, 그리고 유태
인의 일상생활을 소개한다.

❊ 수난의 탈무드

탈무드는 바빌로니아에서 서기 500년경에 편찬이 시작되었다. 현존하는 것 중 가장 오래된 것은 1334년에 손으로 쓴 탈무드가 있고, 인쇄물로는 1520년에 인쇄된 것이 처음이다.

모든 탈무드는 금서가 되고 압수되어 1244년 기독교인들에 의해 수레로 무려 24대 분량이 불태워졌다.

1415년에는 탈무드를 읽는 것이 법으로 금지되었다. 1520년에는 로마에서 또다시 탈무드가 압수되어 불태워졌다.

기독교인들은 점점 탈무드를 볼 기회가 적어졌다. 그러니 탈무드를 모르면 모르는 만큼 탈무드를 더 싫어했던 것이다.

그 이후로도 1553년, 1555년, 1559년, 1566년, 1592년, 1597년에 탈무드는 불태워졌다. 특히 1562년에는 교회가 탈무드를 검열하여 마구 오려내기도 하고 찢어내기도 했다. 그러므로 오늘날 남아 있는 탈무드는 완전한 것이 아니다.

언젠가 탈무드를 마이크로필름(Microfilm)으로 촬영하는 도중에 페이지와 페이지 사이에서 다른 페이지가 나왔는데 이때 수백 년 동안이나 잃어버렸던 탈무드의 부분이 발견된 적도 있다.

탈무드를 읽다 보면 갑자기 중간에서 이야기의 연결이 되지 않는 경우가 있는데, 이것은 가톨릭 교회에서 그 5분의 1이나 6분의 1을 떼어 냈기 때문이다. 이처럼 그들은 예수를 비판했다고 생각되는 부분이나 비유태인에 대하여 씌어진 부분은 모조리 없애 버렸다.

탈무드는 배움을 위한 책이다. 유태인에게 있어서 배움이란 인생의 최대 목적이다. 유태인을 조금이라도 이해하려면 탈무드가 유태인들에게 있어 얼마나 소중한 것인지를 알아야 한다. 유태인들에게는 하나님의 뜻을 받드는 것이 가장 소중했기 때문에 탈무드를 배우지 않고서는 살아갈 수가 없었다.

탈무드의 배움은 머리를 좋게 하는 것이 아니다. 그것은 종교적인 것이다. 하나님을 찬양하는 최대의 행위는 배움이다. 고대 유태의 도시나 마을 지명은 그곳에 있는 학교의 이름으로 대신했으며, 그것이 곧 예배당이고 배우는 곳이다.

로마인들은 유태인을 비유태인으로 만들기 위하여 탈무드에 대한 배움을 금지했다. 유태인으로부터 배움을 빼앗아 버리면 그는 이미 유태인이 아닌 것이다. 이 배움을 지키기 위하여 많은 유태인들이 목숨을 바쳐야 했다. 그러나 지식은 모든 것을 이겨 내게 마련이다.

탈무드는 모두 20권이지만, 유태인은 그중에서 한 권의 책만 보더라도 대단한 경사이기 때문에 친척이나 친구를 불러서 성대히 축하연을 갖는다.

유태인들에게 있어 최고는 교황이 아니라 탈무드다. 또한 탈무드를 얼마만큼 연구했느냐가 권위의 척도가 된다. 그러므로 랍비의 권위도 이 척도에 따른다.

❊❊❊ 탈무드의 구성

탈무드의 구성은 총 6부로 이루어져 있다. **1.농업 2.제사 3.여자 4.민법과 형법 5.성전 6.순결과 불결**이 그것이다. 탈무드의 구성에는 규칙이 있다. 탈무드는 반드시 **미슈나**(Mishnah: 유태교의 불성문율집.)라는 부분으로부터 시작된다. 미슈나는 고대 유태의 교훈과 약속이 구전으로 전해진 부분이다. 이 미슈나의 부분은 서기 200년 경에 편찬되었으며, 무게 500g 정도의 아주 작은 책이다.

이 미슈나에 대해서는 별이견이 없다. 이 미슈나를 둘러싸고 발전된 논의나 토론이 바로 탈무드인 것이다. 이 토론은 반드시 둘로 나뉘어져 있다. 하나는 할라카(Halakah: 유태교 율법의 총칭.)라고 불리는 토론이고, 하나는 하가다(Haggadah: 율법적 성격이 없는 이야기.)라고 불리는 토론이다.

세계는 유태 민족이 종교의 계율을 가장 엄격하게 지키고 또한 심취해 있는 것으로 믿고 있다. 그렇다고 해도 그들은 굳이 종교라는 단어를 쓰지 않는다. 그것은 일상생활 자체가 종교이므로 종교만을 떼내어 종교라는 말을 쓸 필요가 없기 때문이다.

할라카는 유태적인 생활 양식으로 사람의 모든 행동을 거룩하게 끌어올리기 위한 것이다. **제사 · 건강 · 예술 · 식사 · 언어 · 대화 · 대인 관계** 등 생활에 있어서의 모든 행동이 이 할라카에 맞지 않으면 안 된다. 기독교도는 기독교를 믿음으로써 기독교도가 되지만 유태인은 그렇지 않다. 오직 행동만이 유태인을 유태인으로 만드는 것이다.

하가다는 탈무드 전체 중 3분의 1을 차지하고 있다. 여기에는 **철학 · 신학 · 역사 · 도덕 · 시 · 속담 · 성서 · 해설 · 과학 · 의학 · 수학 · 천문학 · 심리학 · 형이상학** 등 사람의 모든 지혜가 담겨 있다.

탈무드의
문을 여는 것은
오직 당신뿐

탈무드는 위대한 연구라는 뜻이다. 탈무드는 나라 없는 유태 민족을 5천 년간 지탱해 온 생활 규범이다. 그러므로 탈무드의 문을 여는 것은 오직 당신 자신이며, 이것의 문을 두드리는 것도 오직 당신의 현명한 머리와 끝없는 노력뿐이다.

위대한 세 랍비의 이야기

✳✳ 랍비 힐렐(Rabbi Hillel)

지금으로부터 2천 년 전에 바빌로니아에서 태어난 랍비 힐렐은 20세에 이스라엘로 건너가 위대한 랍비 2명으로부터 강의를 받았다.

당시 로마 제국의 지배하에 있는 유태인들은 몹시 궁핍한 생활로 고통을 겪고 있었다.

힐렐은 하루 돈벌이로 겨우 동전 한 닢을 벌었는데 절반은 먹고 살기 위해 쓰고 나머지 절반은 수업료로 썼다.

그러던 어느 날 그는 일감을 구하지 못한 탓에 그 돈마저도 벌지 못했다. 그래도 학교 강의만큼은 꼭 듣고 싶었다.

궁리 끝에 학교 지붕으로 올라간 그는, 굴뚝으로 새어 나오는 강의를 밤새껏 엿듣다 자신도 모르게 잠이 들었다. 때는 추운 겨울인데 마침 눈까지 내려 그의 몸은 온통 눈으로 뒤덮이고 말았다.

이튿날 아침 날이 밝자 다시 강의가 시작되었다. 어찌된 영문인지 교실 안이 컴컴했다. 이상하게 여긴 학생들이 천정을 보니 누군가 굴뚝 옆 채광 창에 엎어져 있었다. 학생들은 서둘러 지붕 위로 올라갔다.

그곳에는 의식을 잃은 힐렐이 있었다. 학생들이 그를 끌어내려 정성껏 간호하자 그는 곧 의식이 회복되었다.

그 후로 힐렐의 수업료는 면제되었고 이 일을 계기로 유태인 학교에서는 수업료를 받지 않게 되었다.

오늘날 힐렐의 말이 가장 많이 전승되었다. 그리스도의 가르침 중에는 그의 말을 그대로 인용한 것들이 많다.

힐렐은 천재였으며 매우 점잖고 예의바른 사람이었다.

어느 날인가 로마인이 그에게 말했다.
"내가 한 발로 서 있는 동안 유태인의 학문을 모두 말해 보라."

그러자 힐렐은 이렇게 말했다.
"내가 당하고 싶지 않은 일을 남에게 시키지 말라."

또 한 번은 짓궂은 사내들끼리 힐렐을 화나게 할 수 있느냐 없느냐를 놓고 내기를 했다.

유태인들은 안식일을 경건하게 맞이한다. 안식일은 금요일 해질 무렵부터 토요일 해질 무렵까지 하루 동안만인데, 유태인은 몸과 마음을 깨끗하게 하고 안식일을 맞이한다.

이날에는 특별히 맛있는 음식을 만들어 놓았다가 먹고, 이 안식일 동안에는 불을 사용하지 않는다. 마침 안식일을 맞이하기 위하여 금요일 낮 힐렐은 목욕탕에 갔다.

이때 한 사내가 와서 문을 두드렸다. 힐렐은 젖은 몸을 수건으로 닦아내고 주섬주섬 옷을 걸친 다음, 욕실 밖으로 나왔다.

그러자 그 사내는 쓸데없는 질문을 했다.

"사람의 머리 모양은 왜 둥급니까?"

힐렐은 그의 질문에 일일이 대답해 주고 다시 욕탕으로 들어갔다. 그러자 그 사내는 또다시 문을 두드렸다.

"검둥이는 왜 피부가 검습니까?"

힐렐은 왜 피부가 검은가를 열심히 설명해 주고 다시 욕탕으로 들어갔다. 그런데 또 문을 두드리는 소리가 들려왔다. 그 사내는 비슷한 질문을 이어서 계속했다.

이런 일이 다섯 번이나 되풀이되었다. 그때마다 힐렐은 변함없이 젖은 몸을 닦고 옷을 주섬주섬 걸친 다음, 욕탕을 나와 부드러운 말씨로 사내의 질문에 답해 주었다. 그러자 그 사내는 마침내 이렇게 투덜댔다.

"당신 같은 사람은 차라리 없는 편이 좋았을 거요. 난 당신 때문에 내기에서 큰돈을 잃었오."

힐렐은 이렇게 말했다.

"내가 인내력을 잃는 것보다 당신이 돈을 잃는 편이 낫지요."

하루는 길을 바삐 걸어가는 힐렐을 보고 제자들이 몰려왔다.

"선생님, 어디를 그렇게 바삐 가세요?"

"좋은 일을 하기 위해 바삐 가는 중이란다."

제자들이 무슨 일인가 하고 그를 따라가 보니 힐렐은 대중탕으로 들어가 몸을 씻기 시작하는 것이었다.

"선생님, 그것이 그렇게 좋은 일입니까?"

"사람이 자기를 깨끗하게 씻는 일은 좋은 일이지, 저기 있는 로마인을 보아라. 그들은 많은 동상을 깨끗하게 닦고 있지 않느냐? 하지만 동상을 닦아 주기보다는 자기를 깨끗이 닦는 편이 훨씬 낫겠지."

이 밖에도 힐렐은 많은 교훈적인 말을 남겼다. 그리고 그의 어록은 깊은 감명을 주었다.

* 만일 당신이 지식을 늘리려고 하지 않는다면 그것은 당신의 지식이 줄어 가는 것이다.
....
* 자기의 직위를 과시하려 애쓰는 사람은 곧 자신의 인격에 상처를 입히는 것과 같다.
....
* 남의 입장에 서 보지 않고서는 남을 함부로 평가하지 마라.
....
* 배우고자 하는 사람은 수치심을 버려라.
....
* 인내심이 없는 사람은 교사가 될 자격이 없다.
....
* 자신의 주변에 뛰어난 인물이 없다면 자신이 뛰어난 인물이 되어야 한다.

* 당신이 당신 자신을 위해 일하지 않는다면 누구도 당신을 위해 일을 해 주지 않는다.

....

* 지금 그 일을 하지 않는다면 언제 그 일을 할 수 있겠는가.

....

* 인생 최고의 목적은 평화를 사랑하며 추구하고 구현하는 일이다.

....

* 자신의 일만을 생각하는 사람은 자기 자신이 될 자격조차도 없다.

*** 랍비 요하난 벤 자카이(Rabbi Johanan Ben Zakkai)

유태 민족이 사상 최대의 정신적 위기에 직면해 있을 때
랍비 요하난 벤 자카이는 큰 활약을 했다.

A.D. 70년에 로마인이 유태인의 성전을 파괴하면서 그들
까지 모두 없애려고 했다.

이때 요하난은 비둘기파(온건파)와 적대 관계에 있는 매
파(강경파)의 감시를 받았다.

요하난은 유태인 민족이 어떻게 하면 영원히 살아남을 수
있는가를 골똘히 생각하다, 로마 장군을 만나야겠다는 결
론에 도달했다.

그 당시 유태인들은 예루살렘의 성안에 갇혀 출입이 불가
능했다.

요하난은 성밖으로 나가기 위해 꾀병을 부렸다. 그는 유
명한 랍비여서 많은 사람들이 병문안을 왔다. 얼마 후 그가
죽었다는 소문이 퍼졌다.

그가 죽자, 제자들은 그를 입관시켜 매장하기로 했다. 그
당시 성안은 묘지를 만들 수 없었다. 제자들은 불가피한 사
정 때문에 성밖으로 나가야만 했다.

이때 강경파의 경비병은 요하난의 죽음을 믿지 못하겠다

며 관을 칼로 찔러 보겠다는 말을 했다.

유태인들은 누구도 요하난의 시신을 눈으로 보지 못한 터이다. 그들이 관을 칼로 찌르려고 하자 제자들은 돌아가신 분을 모독하는 것이라고 강력히 항의했다.

그런 후 요하난은 로마군의 진영으로 향할 수 있었다. 로마군의 진영에 다다르자 로마 병사 역시도 의심스러운 듯 관을 찔러 보겠다며 칼을 뽑아들었다.

제자들은 말했다.

"만일 로마의 황제가 죽었다면, 당신들은 그 칼로 관을 찌르겠는가? 우리들은 전혀 무장도 하지 않았는 데 말이다."

이윽고 그들은 진영으로 들어가는데 성공했다. 관을 열고 나온 요하난은 사령관에게 면담을 요청했다. 잠시 후, 사령관을 마주하게 되었다.

그는 장군의 눈을 지긋이 바라보며 말했다.

"나는 당신에게 로마 황제와 같은 경의를 표합니다."

황제와 같다는 말에 사령관은 로마의 황제를 모독하는 것이라며 버럭 화를 냈다.

요하난은 말했다.

"내 말을 믿으시오. 당신은 틀림없이 차기 로마의 황제가 될 것입니다."

그러자 사령관이 말했다.

"당신의 말은 알겠소, 대체 당신이 하고 싶은 말이 뭐요?"

"네, 꼭 한 가지 청이 있습니다."

이럴 경우 당신이라면 어떤 부탁을 하겠는가? 잘 생각해 보라.

이때 요하난은 이런 부탁을 했다.

"작은 학교라도 좋으니 꼭 하나만 지어 주십시오. 교실 하나라도 좋습니다. 10명의 랍비가 들어갈 수 있을 정도면 족합니다. 또한 어떤 일이 있어도 이 작은 학교만큼은 폐쇄시키지 말아 주십시오."

요하난은 조만간 로마군이 예루살렘을 점령하게 되면 모든 유태인들의 집이 파괴되고 심지어 수만 명의 학살까지 예견했다.

이때 그는 작은 학교 하나만이라도 무사하면 유태인의 전통이 살아남을 것으로 판단했다. 사령관 입장에서 보면 그렇게 대단한 부탁도 아니였다.

"좋소. 그럼 약속하리다."

그 뒤 얼마 안 가서 로마의 황제는 죽게 되었다. 그 사령관이 황제에 오르자 로마군에게 명령했다.

"그 작은 학교 하나만큼은 그대로 뒤라."

이렇게 해서 그 작은 학교에 살아남은 학자들이 유태인의 전통과 지식을 지켜왔다. 전쟁 이후로 유태인의 생활 양식은 그 작은 학교로 인해 계승 발전되었다.

요하난은 말했다.

"착한 마음을 갖는 것이 큰 재산이다."

유대교의 제단(기도하는 자리.)에는 돌만을 사용하고 금속은 절대로 쓰지 않는다. 그것은 무기를 만들어 쓸 염려가 있기 때문이다.

제단이란 신과 사람 사이에 평화를 가져다주는 것이며, 동시에 신과 사람을 이어 주는 상징적인 것이다.

말을 못하는 돌이라 해도 신과 사람의 사이를 연결시켜 줄 수 있다.

하물며,

"우리는 사람인 까닭에 부부 사이, 나아가서는 국가와 국가 사이에 평화를 가져오게 할 수 있을 것이다."라고 그는 말했다.

**속이고 속이는 세상

요즘 세상은 명예로운 거래가 사라졌다. 또한 신뢰는 배신으로 돌아올 뿐 아무도 약속을 지키려 들지 않고, 봉사를 많이 할수록 그 보상은 더욱 적어진다. 많은 나라의 백성들이 모두 속이고 속는 거래에 몰두한다. 어떤 사람에 대해서는 항상 배신을 두려워해야 하고, 어떤 사람에 대해서는 약속을, 또 다른 사람에게는 속임수를 걱정해야만 한다. 다른 사람들의 이러한 나쁜 행실은 우리에게 있어 모범이 아니라 경고가 되어야 한다. 이처럼 비열한 행동에 익숙해져서 우리의 성실함이 유린될까를 두려워해야 한다.

발타자르 그라시안

✳ 랍비 아키바(Rabbi Akiva)

아키바는 탈무드에 나오는 인물 중에서도 가장 존경받는 사람이다. 또한 그는 유태 민족의 영웅이기도 하다.

그는 젊은 시절, 큰 부자집에서 양치기로 일을 하던 중 주인의 딸과 사랑에 빠졌다. 주인이 한사코 말리는 결혼을 했기 때문에 그녀와 그는 집에서 쫓겨나는 신세가 되었다.

아키바는 가난으로 배우지 못한 탓에 읽거나 쓰는 것을 제대로 못했다. 그래서 아내는 말했다.

"꼭 한 가지 부탁이 있습니다. 제발 공부 좀 하세요."

그는 늦게나마 만학을 결심하고 어린 아이들과 함께 학교에서 공부했다.

그 후로 13년 간의 학교 공부를 마치고 집으로 돌아왔을 때에는 이미 당대의 최고 석학이 되어 있었다.

후일 그는 탈무드를 최초로 편집했다. 그는 의학과 천문학 등에 조예가 깊고, 외국어에도 능통했으므로 유태인 사절로 여러 차례 로마에 파견된 적이 있다.

A.D. 132년 유태인들이 로마의 지배로부터 벗어나기 위

해 반란을 일으켰을 당시에도 그는 정신적인 지도자였다.

이 반란이 진압되자 학문을 하는 유태인은 누구든 사형에 처한다고 포고했다.

로마는 그들이 책을 볼수록 유태인다워진다는 사실을 잘 알고 있었다. 이때 아키바는 다음과 같은 여우 이야기를 했다.

어느 날 여우가 물가를 걷고 있을 때, 물고기가 다급히 헤엄을 치고 있었다.

"왜 그렇게 쉴새없이 돌아다니는 거지?" 하고 여우가 묻자.

물고기는 말했다.
"우리를 잡으러 오는 그물이 무서워서 그러는 거예요."

"그러면 이리로 나오게나. 뭍으로 올라오면 내가 지켜 줄 테니 안심해도 돼."

"여우님, 당신은 머리가 꽤나 좋다고 들었는데 이제 보니 정말 바보로군요. 우리들이 이제까지 살아온 물 속에서도 이렇듯 두려운 마당에 뭍으로 올라가면 무슨 변을 당하려구요."

그는 유태인에게 있어 학문은 물고기의 물과 같은 것이다. 물을 떠나 뭍으로 올라가면 죽을 것이니 항상 배워야만 산다는 것을 일깨워 주고 싶었던 것이다.

그 후 아키바는 로마인들에게 체포되어 처형을 당한다.

그 당시 로마인들은 그를 십자가에 매달아 죽이는 것이 너무나도 안락한 방법이라 생각했다. 그래서 더 참혹한 방법을 선택했다. 즉 불에 달군 인두로 온몸을 지지는 것이다.

그는 처형 당일, 유태인의 지도자로 예우되었기 때문에 로마의 사령관이 형장에 입회했다.

곧이어 아침 해가 동쪽 산으로 떠올랐다. 아키바는 시뻘겋게 달구어진 인두에 몸을 맡긴 채로 새벽 기도문을 외우기 시작했다.

이 광경을 지켜본 로마의 사령관은 몹시 놀란 표정으로 아키바에게 물었다.

"당신은 이렇게 심한 고통을 받으면서도 기도문을 외울 참인가?"

아키바는 대답했다.

"나는 하나님을 사랑하고 있기 때문에 새벽 기도를 거르는 법이 없소. 그런데 지금 이렇게 죽음을 당하면서도 기도를 드릴 수 있으니 정녕 내가 하나님을 사랑하고 있구나 하는 생각에 참으로 기쁘오."

이 말을 마친 후 아키바는 조용히 죽어 갔다.

탈무드 속의
이야기 주머니

여기에서는 탈무드의 일화를 소개한다. 탈무드
는 생각의 재료이다. 받아들이는 것은 당신의 마
음에 달려 있다.

** 요술 사과

임금님에게는 외동딸이 있었다. 그 딸은 중병에 걸려 거의 죽게 되었다. 주치의는 그 딸이 영약(신비스럽게도 효험이 있는 약. 신약.)을 먹지 못하면 곧 죽을 것이라고 말했다.

임금님은 고심 끝에 포고문을 내렸다.

'딸의 병을 고치는 자가 있다면 부마(임금의 사위.)로 삼아 왕위까지 계승하겠노라.'

이 무렵 먼 시골에는 삼 형제가 살고 있었다.

어느 날인가 망원경을 가지고 있는 맏형이 그 포고문을 보게 되었다. 그 처지를 딱하게 여긴 맏형은 공주의 병을 어떻게든 낫게 해 주려고 형제들과 상의했다.

형제 중에 둘째는 아무리 먼 거리도 눈깜짝할 사이에 갈 수 있는 요술 양탄자를 가지고 있어고, 막내는 먹기만 하면 어떤 병도 낫게 할 수 있는 신비의 요술 사과를 가지고 있었다.

삼 형제는 양탄자를 타고 단숨에 궁궐로 날아가서 공주에게 사과를 먹였다. 그 순간 공주의 병은 씻은 듯이 나았다.

모든 사람들은 뛸듯이 기뻤다. 곧 임금님은 연회를 열고 포고문에 쓰인 대로 부마를 발표하기로 했다.

발표에 앞서 맏형은 말했다.

"만일 제가 망원경으로 포고문을 보지 않았더라면 우리 형제들은 궁궐에도 오지 못했을 것입니다."

둘째는 말했다.

"만일 제 요술 양탄자가 없었다면 이렇게 먼 곳까지 오지도 못했을 것입니다."

막내는 말했다.

"만일 제 사과가 없었다면 공주의 병은 낫지도 못했을 것입니다."

당신이 만일 그 임금님이라면 누구를 부마로 삼겠는가?

결론은 '**사과를 가지고 있던 막내**'이다.

망원경을 가지고 있던 맏형은 망원경이 그대로 남아 있다. 양탄자를 가지고 있던 둘째도 양탄자가 그대로 남아 있다. 그러나 사과를 가지고 있던 막내는 사과를 공주에게 먹였기 때문에 자기의 모든 것을 다 준 것이나 다름없다.

이처럼 「**남을 도울 때에는 나의 모든 것을 다 주는 것이 무엇보다 중요하다**」고 탈무드는 말한다.

❋❋ 세 딸

옛날에 세 딸을 둔 아버지가 있었다. 세 딸은 모두가 미인이었다. 그런데 불행하게도 나쁜 버릇을 하나씩 가지고 있었다.

한 딸은 게으르고, 또 한 딸은 도벽이 있고, 또 한 딸은 험담을 좋아했다.

그러던 어느 날 세 아들을 둔 아버지가 그에게 자기네 집으로 시집을 보내지 않겠느냐고 물었다.

그 말에 세 딸을 둔 아버지는 자기 딸들에게는 이러저러한 결점이 있다고 했다. 세 아들을 둔 아버지는 자기가 책임을 지고 고쳐 보겠노라고 약속했다.

이 세 자매는 세 아들에게 시집을 갔다.

게으른 며느리에게는 많은 하녀를 거느리게 했다.

도벽이 있는 며느리에게는 큰 창고의 열쇠를 주면서 갖고 싶은 것은 모두 가지라고 말했다.

험담을 좋아하는 며느리에게는 매일 아침 일찍 깨워 오늘은 무얼 헐뜯겠느냐고 물었다.

세 딸을 시집본낸 아버지는 결혼 생활이 궁금했는지 딸을 보러 갔다.

게으른 딸은 게으름을 피울 수가 있어서 즐겁다고 했고, 도벽이 있는 딸은 갖고 싶은 것을 마음대로 가질 수 있어서 행복하다고 했다. 그런데 험담을 좋아하는 딸은 매일 아침 시아버지가 육체적인 관계를 요구하기 때문에 괴롭다고 말했다.

그러자 세 딸을 둔 아버지는 험담을 잘하는 딸만은 믿지 않았다. 왜 믿지 않았을까?

험담을 잘하는 딸은 시아버지까지도 험담하고 있었기 때문이다.

✳✳ 볼품없는 그릇

머리는 몹시 총명하지만 얼굴이 못생긴 랍비가 있었다.
어느 날 그는 로마 황제와 공주를 만났는데 공주는 그를
보자,
"그토록 총명한 지혜가 이토록 볼품없는 그릇에 들어 있군요."

그러자 랍비는 이렇게 말했다.
"공주님, 이 왕궁에 술이 있나요?"

공주는 고개를 끄덕였다.

그는 이어서 말했다.
"공주님, 그 술은 어떤 그릇에 담겨 있나요?"

"보통 항아리나 주전자 같은 그릇에 담겨 있죠."

못생긴 랍비는 깜짝 놀란 척 이렇게 말했다.
"로마의 공주인 훌륭한 분이 금그릇이나 은그릇도 많을 텐데,
왜 그런 볼품없는 그릇에 담았나요?"

그러자 공주는 이제까지 금그릇이나 은그릇에 담겨 있던 물을 볼품없는 항아리에 옮겨 담았다. 그리고 볼품없는 항아리에 들어 있던 술을 모두 금그릇과 은그릇에 옮겨 담았다.

술맛은 곧 변하여 맛이 없어졌다.

황제는 진노했다.
"누가 이런 그릇에다 술을 담았느냐?"

공주는 용서를 빌면서 말했다.
"잘못했습니다. 그렇게 하는 것이 나을 것 같아서 제가 옮겨 담았습니다."

그런 후 랍비에게로 가서 따지듯 말했다.
"랍비님, 당신은 어째서 나에게 그런 일을 권했나요?"

그러자 랍비는 이렇게 대답했다.
"나는 단지, 공주님에게 아무리 귀중한 것이라도 때에 따라서는 볼품없는 그릇에 담아두는 편이 낫다는 사실을 가르쳐 드리고 싶었을 뿐입니다."

❊❊ 동물과 뱀의 대화

어느 날 모든 동물들이 모여 뱀을 몰아세웠다.

"사자는 먹이를 쓰러뜨려서 잡아먹고, 이리는 먹이를 갈기갈
기 찢어내어 먹는데, 뱀아! 너는 어째서 먹이를 통째로 삼키느
냐?"

그러자 뱀은 이렇게 대답했다.

"그래도 난 남에게 상처를 주는 것보다 낫다고 생각해, 적어도
입으로 상처를 주지 않거든."

❊❊ 헛된 논쟁과 혀

왕이 병이 들어 자리에 누웠다. 의사의 진단 결과 이 병은
세상에서도 아주 희귀한 병으로 사자의 젖을 마셔야만 낫
는다고 말했다. 하지만 사자의 젖을 어떻게 구하느냐가 문
제였다.

이때 어느 머리 좋은 젊은이가 나타나 그 일을 자청했다. 그는 사자가 살고 있는 동굴 근처로 가서 새끼 사자를 한 마리씩 어미 사자에게 주었다.

열흘만에 어미 사자와 친해진 그는 왕의 병을 고칠 수 있다는 사자의 젖을 조금이나마 짤 수 있었다.

궁으로 가는 길에 자기 신체의 각 부분이 서로 다투면서 헛된 공상에 빠졌다.

신체 중에서 어느 부분이 가장 중요하냐에 대한 논쟁이 벌어졌다.

발은 자기가 아니었다면 사자가 있는 동굴까지 못 갔을 거라고 주장했다.

눈도 자기가 아니었다면 볼 수 없어서 그곳까지 못 갔을 거라고 주장했다.

심장은 심장대로 자기가 아니었다면 도저히 엄두도 못 냈을 거라고 맞섰다.

이 말을 듣고 있던 혀가 주장했다.

"아무리 그래 봤자 내가 아니면 너희들은 소용도 없었을 거야."

그러자 신체의 각 부분은 일제히 나서서 말했다.

"뼈도 없고 쓸모도 없는 것이 까불지 마." 하고 육박지르니 혀는 입을 다물고 말았다.

그 젊은이가 궁에 도착할 무렵 혀는 이렇게 말했다.
"누가 제일 중요한지 너희들에게 알려 주마."

젊은이가 왕 앞에 나서자 왕이 물었다.
"이것은 무슨 젖이냐?"

그러자 젊은이는 불쑥 대답했다.
"네, 그건 개의 젖이옵니다."

조금전까지만 해도 그토록 혀를 몰아세우던 신체의 각 부분들은 그제야 혀의 힘이 얼마나 강한지를 깨닫고 정중히 혀에게 사과했다.

그러자 다시 혀는 말했다.
"아니옵니다. 제가 말씀을 잘못 드렸습니다. 이것은 틀림없는 사자의 젖이옵니다."

도움말: 중요한 부분일수록 자제력을 잃으면 엉뚱한 잘못을 저지른다.

✳✳ 혀 1

한 행상이 거리를 돌면서 큰소리로 외쳤다.

"인생의 비결을 살 사람 없습니까?"

그러자 순식간에 많은 사람들이 모여들었다. 그들 중에는 랍비도 몇 명 끼어 있었다.

"제발 그 인생의 비결을 내게 파시오." 하고 사람들이 졸라댔다.

그러자 행상은 이렇게 말했다.

"인생을 참되게 사는 비결은 혀를 조심해서 놀리는 것이오."

❋ 혀 2

어떤 랍비가 학생들에게 만찬을 베풀었다. 만찬에는 소의 혀와 양의 혀로 만든 요리가 나왔다. 그 가운데는 거친 혀와 부드러운 혀가 있었다. 학생들이 서둘러 부드러운 혀만을 골라 먹었다.

그때 랍비는 이런 말을 했다.

"자네들도 항상 혀를 부드럽게 간직하게 거친 혀를 가진 사람은 남을 화나게 하거나 불화를 초래하지."

❋ 혀 3

어느 날 랍비는 하인을 시켜 비싸고 맛있는 것을 사 오라고 했다. 하인은 혀를 사왔다.

며칠이 지난 후, 랍비는 다시 하인에게 오늘은 좀 싼 것을 사 오라고 주문했다. 그랬더니 하인은 또 혀를 사왔다.

그러자 랍비가 말했다.

"요전에는 비싸고 맛있는 것을 사 오라고 하니까 혀를 사 오더니 오늘은 싼 것을 사 오라고 하니까 왜 또 혀를 사 온 것이냐?"

하인이 말했다.
"혀라는 것이 좋기로 말하면 더 없이 좋고 나쁘기로 말하면 더 없이 나쁘기 때문입니다."

❋❋ 여우와 포도밭

어느 날 여우 한 마리가 포도밭을 서성이며 안으로 들어가려고 애썼다. 그러나 울타리 때문에 들어갈 수 없었다.
여우는 궁리 끝에 사흘을 굶어 홀쭉해지자 겨우 울타리 틈새로 기어 들어갈 수 있었다.
포도밭으로 들어간 여우는 맛있는 포도를 마음껏 따먹은 뒤, 그곳에서 나오려고 했다. 그러나 배가 불러 빠져나올 수가 없었다.
여우는 별다른 방법이 없자 다시 사흘을 굶고 몸을 홀쭉하게 만든 후에야 간신히 빠져나올 수 있었다.
이때 여우는 말했다.

"결국 배가 고프기는 들어갈 때나 나올 때나 마찬가지로군."

인생이란 이와 마찬가지이다.
이처럼 사람은 누구나 빈손으로 왔다가 빈손으로 돌아가게 마련이다.
사람이 죽으면 세 가지를 남기는데 그것은 가족과 재산과 선행이다. 그러나 선행 외에는 그리 대단한 것이 못된다.

✳️ 하나님이 맡긴 보석

안식일이 되자 예배당에서 랍비 메이어가 설교를 하고 있었다. 바로 그때 그의 두 아이가 집에서 죽었다. 아내는 아이의 시체를 2층으로 옮긴 다음 흰천으로 덮어 주었다.

한참 만에 메이어가 돌아오자 아내는 이렇게 말했다.
"당신에게 물어볼 말이 있어요. 어떤 사람이 매우 귀중한 보석을 내게 맡기고 갔어요. 그런데 갑자기 그 주인이 맡겼던 보석을 달라고 하네요. 이럴 경우에 나는 어떻게 해야 하나요?"

메이어는 이렇게 말했다.

"그야 물론 주인에게 돌려줘야지요."

"조금 전 하나님께서 우리에게 맡겼던 귀중한 보석 두 개를 하늘로 가지고 가셨어요."

메이어는 아내가 말한 의미를 알고 몹시 슬펐지만 아무 말도 하지 않았다.

✳✳✳ 아들과 유서

유태인의 어느 현명한 사람은 아들을 공부시키기 위해 집에서 아주 멀리 떨어져 있는 예루살렘으로 학교를 보냈다.

아들을 떠나보낸 후로 중병에 걸린 아버지는 예루살렘의 아들을 보지도 못하고 죽을 것 같아서 유서를 썼다.

그 내용은 자기의 전 재산을 노예에게 물려주되 아들이 원하는 것을 한 가지만 꼭 들어주라는 것이었다.

마침내 그는 죽고 노예는 자신의 횡재를 기뻐하며 즉시 예루살렘으로 달려갔다.

그는 아들에게 주인의 죽음을 유서와 함께 알렸다. 아들은 몹시 놀랍고도 슬펐다.

아버지의 장례를 치르고 난 아들은 앞으로 일어날 일들을 곰곰이 생각해 보았다. 그런 후 랍비를 찾아가서 아버지에 대한 불평을 했다.

"아버지는 어째서 제게 재산을 조금도 물려주지 않았을까요? 저는 아버지에게 단 한 번도 화를 내지 않았고, 불효를 저지른 적도 없습니다."

그러자 랍비는 이렇게 말했다.

"그게 무슨 말인가, 자네 아버지는 아주 현명한 분으로 자네를 끔찍이 사랑하셨네. 이 유서를 보면 잘 알 수 있지 않는가."

아들이 말했다.

"노예에게는 전 재산을 물려주고 자식에게는 전혀 물려준 것이 없는 데도 말입니까?

애틋한 정이 조금이라도 남아 있다면 이렇게 하실 수는 없습니다."

그러자 랍비가 말했다.

"자네도 아버지처럼 현명하게 머리를 쓰게나, 진정 자네 아버지께서 무얼 바라고 계셨는지 안다면 자네는 곧 훌륭한 유산이 무엇인가를 깨닫게 될 걸세."

만일 당신이 그의 아들이라면 이 유서를 어떻게 받아들였을까?

랍비는 그 아들에게 또다시 말했다.

"자네는 아버지가 임종할 당시 집에 없었지 않는가. 그렇게 되면 노예가 재산을 가지고 도망치거나 재산을 탕진하겠지. 심지어는 죽었다는 사실조차도 자네에게 알리지 않았을 걸세.

그 사실을 눈치챈 자네의 아버지가 노예에게 전 재산을 준 것일세. 전 재산을 노예에게 주면, 그는 기쁜 마음으로 달려와서 자네에게 그 사실을 확인시키겠지. 그렇게 되면 고스란히 재산도 보존될 것이라는 생각을 하신 것야."

"그렇지만 그게 저에게 무슨 소용이 있습니까?"

"젊은이라 역시 지혜가 미치지 못하는군. 법률적으로 노예의 모든 재산은 주인에게 귀속된다는 사실을 아는가?

자네의 아버지는 자네가 원하는 것 중 한 가지만은 자네에게 물려주신다고 분명히 말씀하셨지 않는가? 그러니까 자네는 그 노예를 선택하면 되는 것일세. 이 얼마나 현명하고 애정이 넘치는 생각인가."

그제서야 젊은이는 아버지의 참뜻을 깨닫고 랍비가 일러
준 대로 한 다음, 그 노예를 해방시켜 주었다.

그는 늘 입버릇처럼 말했다.
"역시 어른들의 지혜는 당할 수가 없어."

✳✳ 법률과 같은 붕대

법률이란 붕대와 비슷한 것이다.

옛날 어느 나라 임금이 상처를 입은 왕자에게 붕대를 감
아 주며 이렇게 말을 했다.

"이 붕대는 절대로 풀지 마라. 이 붕대를 하고 있는 한 너는 식
사를 할 때나, 뛸 때나, 물에 들어갈 때에도 아프지 않을 것이다.
그러나 이 붕대를 풀면 그 순간 상처는 더욱 악화될 것이다."

사람은 하지 말라는 것들을 하려는 악한 성향이 있다. 그
러나 법률과 같은 붕대로 감고 있는 한, 결코 성품이 악해
지는 일은 없을 것이다.

✸✸ 서로 다른 정의

알렉산더 대왕이 이스라엘을 방문했다.

한 유태인이 대왕에게 물었다.
"대왕께서는 저희가 가지고 있는 금은보화가 탐이 나시나요?"

그러자 알렉산더 대왕이 말했다.
"난 많은 금은보화를 가지고 있기 때문에 그런 것은 조금도 탐이 나지 않는다. 다만 너희 유태인들의 전통과 정의를 알고 싶을 뿐이다."

알렉산더 대왕이 이스라엘에 머무는 동안, 랍비에게 어떤 두 사람이 문제를 상의하기 위해 찾아왔다.
두 사람이 넝마더미를 사고 팔았는데 뜻밖에도 그 속에서 많은 돈이 나왔다.

그는 넝마더미를 판 사람에게 말했다.
"나는 넝마더미를 산 것이지 돈까지 산 것은 아니니 이 돈은 당연히 당신의 것이오."

그러자 넝마더미를 판 사람은 그것을 산 사람에게 이렇게 말했다.

"무슨 말씀이오. 나는 당신에게 그것을 전부 판 것입니다. 그러니 그 속에 있는 것은 모두가 당신 것이오."

여기서 랍비는 이런 판결을 내렸다.

"당신들에겐 딸과 아들이 있다니 그들을 결혼시키고 그 돈을 그들에게 넘겨주는 것이 옳을 것 같소."

그 문제를 해결해 준 랍비는 알렉산더 대왕에게 말했다.

"폐하, 폐하의 나라에서는 이런 경우 어떤 판결을 합니까?"

그러자 알렉산더 대왕은 이렇게 말했다.

"짐의 나라에서는 둘 다 죽인 뒤 돈은 내가 갖는다. 이것이 내게 있어서는 정의이다."

✳✳ 복수하는 마음과 증오하는 마음

한 친구가 말했다.
"낫 좀 빌려 주게나."

친구는 말했다.
"싫어."

며칠이 지난 후, 이번에는 전번에 거절했던 친구가 말했다.
"말 좀 빌려 주게나."

그러자 친구는 이렇게 말했다.
"자네가 낫을 안 빌려 주었으니 나도 말을 빌려 줄 수 없네."

이것이 복수하는 마음이다.

한 친구가 말했다.
"자네의 낫을 좀 빌려 주게나."

친구는 말했다.
"싫어."

며칠이 지난 후, 전번에 거절했던 친구가 말했다.
"자네, 말을 좀 빌려 주게나."

그러자 친구는 말을 빌려 주면서 이런 말을 했다.
"자네는 낫을 빌려 주지 않았지만, 나는 자네에게 말을 빌려 주겠네."

이것이 증오하는 마음이다.

✽✽ 노인과 열매

한 노인이 정원에서 묘목을 심고 있었는데 지나가던 나그네가 그것을 보고 노인에게 물었다.

"어르신, 언제쯤 그 나무에 열매가 열린다고 생각하세요?"
"한 70년쯤 지나면 열리겠지."

"어르신, 그때까지 사실 수 있겠어요?"

"물론 그때까지는 살 수가 없겠지, 하지만 그런게 아니라구. 내가 태어났을 때, 우리 정원에는 열매가 많이 열려 있었다네. 그것은 내가 태어나기도 훨씬 이전에 나의 아버지께서 나를 위해 묘목을 심어 놓았기 때문일세. 나도 그와 똑같은 일을 하고 있는 것뿐이라네."

※※ 장님이 들고 있는 등불

한 젊은이가 어두컴컴한 밤길을 걸어가고 있었는데 바로 맞은편에서 장님이 등불을 들고 걸어왔다.

젊은이가 장님에게 물었다.
"당신은 장님인데, 왜 등불을 들고 다니나요?"

그러자 장님이 말했다.
"내가 이 등불을 들고 걸어가면 멀리서도 장님이 걸어가고 있다는 것을 알 수 있기 때문이지."

※※ 선과 악의 존재

지구상에는 어마어마한 홍수가 있었다. 이때 온갖 동물들이 노아의 방주로 몰려들었는데 선(선한 마음.)도 숨을 몰아쉬며 헐레벌떡 달려왔다.
그러나 노아는 선을 태우지 않았다.

"나는 짝이 없으면 태워 주지 않는다네."

그러자 선은 자기의 짝이 될 상대를 찾아 숲 속을 헤매다
가 드디어 악(악한 마음.)을 만나 배를 타게 되었다.
이때부터 선이 있는 곳에는 반드시 악이 있다.

✳✳ 배려하는 마음

한 랍비가 말했다.
"우리 6명이 내일 아침 모입시다."

다음날 아침 엉뚱한 사람이 끼여들어 7명이 되었다. 그래
서 그 랍비는 그중 한 사람을 가려내야 했다.

"여기 모이기로 하지 않은 사람은 돌아가세요."

그러자 그들 중에서 꼭 있어야 할 사람이 그 자리를 떠났
다. 왜 그랬을까?
그것은 잘못 알고 찾아온 사람이 행여 소외감을 느낄 수
있다는 생각에 스스로 그 자리를 떠난 것이다.

❀❀ 세 가지 지혜로운 행동

예루살렘에 사는 어느 나그네가 여행 중에 병을 얻었다. 그는 이제 살아날 가망이 없다는 것을 감지하고 여관 주인을 불러 이렇게 말했다.

"나는 이제 얼마 살지 못할 것 같소. 내가 죽었다는 소식을 듣게 되면 예루살렘에서 내 아들이 찾아올 거요. 그때 나의 소지품을 내주시오. 단 세 가지 지혜로운 행동이 없다면 절대로 내주지 마시오.

난 여행을 떠나기 전에 아들에게 일러두었소. 만일 여행지에서 내가 죽게 될 경우 세 가지 지혜로운 행동을 보여야 상속할 것이라고 말이오."

그 후 나그네가 죽자 유태인의 의식에 따라 장례를 치뤘다. 그의 죽음이 마을에도 알려지고 예루살렘에 있는 아들에게도 소식이 전해졌다.

아들은 이 소식을 듣고 아버지가 죽은 마을까지는 갔지만 정작 여관은 찾지 못했다. 그것은 나그네가 자기의 아들에게 알려 주지 말라고 유언했기 때문이다.

아들은 자기 스스로 그 여관을 찾아내야만 했다.

때마침 땔감을 지고 지나가는 나무꾼이 있었다. 아들은 그를 불러서 땔감를 산 다음, 그것을 예루살렘의 나그네가 죽은 여관으로 배달을 부탁했다. 그렇게 한 다음 그의 뒤를 따라갔다.

여관 주인이 자기는 나무를 산 일이 없다고 말하자. 나무꾼이 말했다.

"아닙니다. 지금 내 뒤를 따라온 사람이 이 땔감을 사서 이리로 배달해 달라고 부탁한 것입니다."

이것이 아들의 첫 번째 지혜로운 행동이었다.

여관 주인은 그를 기꺼이 맞아들인 다음, 저녁상을 차렸다. 식탁에는 다섯 마리의 비둘기 요리와 한 마리의 닭 요리가 나왔다. 식탁 앞에는 나그네의 아들 그리고 주인 부부, 두 아들과 두 딸 등 일곱 사람이 식탁에 둘러 앉았다.

주인은 말했다.

"자, 그러면 이제 음식을 골고루 나누어 주시지요."

나그네의 아들이 말했다.

"아닙니다. 그건 주인께서 나누어 주시는 것이 좋을 듯합니다."

그러자 주인이 말했다.
"아닙니다. 당신이 손님이니까 당신 마음대로 나누어 주십시오."

별도리 없이 그는 음식을 나누어 주기 시작했다. 먼저 한 마리의 비둘기를 두 아들에게, 또 한 마리의 비둘기는 두 딸에게, 그리고 또 한 마리의 비둘기는 주인 부부에게, 나머지 두 마리는 자기 몫으로 놓았다.

이것이 그의 두 번째 지혜로운 행동이었다.

주인은 이것을 보고 몹시 못마땅한 표정을 지었으나 아무 말도 하지 않았다.

그러고 나서 그는 닭 요리를 나누기 시작했다. 우선 머리를 떼어 주인 부부에게 주고, 그 다음 두 다리를 떼어 두 아들에게는 주고, 그 다음 두 날개를 떼어 두 딸에게 주었다. 그리고 나머지 큰 몸통은 자기 몫으로 놓았다.

이것이 그의 세 번째 지혜로운 행동이었다.

마침내 주인은 더 이상 참지 못한 채 화가 나서 소리쳤다.

"당신네 마을에서는 그렇게 하오? 당신이 비둘기를 나누어 줄
때는 잠자코 있었지만, 닭을 나누어 줄 때는 화가 치밀어 더는 참
을 수가 없구료. 도대체 이게 무슨 짓이오?"

그러자 나그네의 아들은 이렇게 말했다.

"나는 처음부터 음식을 분배하는 일은 맡고 싶지 않았습니다.
그러나 주인께서 간곡히 부탁하시길래 최선을 다해서 분배해 드
린 것뿐입니다.

그러면 그 이유를 말씀드리지요.

주인 부부와 비둘기 한 마리를 합치면 셋입니다. 또한 두 아드
님과 비둘기 한 마리를 합치면 셋이 됩니다. 역시 두 따님과 비둘
기 한 마리를 합치게 되면 셋인 것처럼, 나와 비둘기 두 마리를
합치면 셋이 되는 이치입니다. 이보다 더 공평하게 나눌 수는 없
을 것입니다.

주인 부부는 이 집안의 가장이니 닭의 머리를 드렸고, 두 아드
님은 이 집안의 기둥이니 다리를 주었고, 두 따님은 머지않아 날
개를 단 것처럼 날아 시집을 갈 것이니 날개를 준 것입니다. 그리

고 나는 배를 타고 여기에 왔고, 또 배를 타고 돌아가야 하기 때문에 배처럼 생긴 몸통을 내 몫으로 떼어 놓은 것입니다.

그러니 그렇게 알고 제 아버지의 소지품을 넘겨주십시오."

✳✳ 약속

성숙한 처녀가 가족과 함께 여행을 하던 중 길을 잃고 헤매다 우물가에 이르렀다.

그녀는 너무도 목이 말라 두레박을 타고 내려가 물을 마셨다. 그런 후 막상 우물 밖으로 나오려는데 도저히 혼자의 힘으로는 나올 수가 없었다.

처녀는 살려 달라고 큰소리로 울면서 소리쳤다. 마침 그곳을 지나던 청년이 달려와서 그녀를 구해 주었는데, 그것이 인연이 되어 두 사람은 곧 사랑을 맹세하게 되었다.

그들은 약혼했다는 것을 증명할 만한 증인을 찾고 있었다. 때마침 족제비 한 마리가 그들 앞을 지나 숲 속으로 달려가고 있는 것이 아닌가.

처녀가 말했다.

"방금 지나간 저 족제비와 이 우물이 증인이에요."

서로 두 사람은 변치 않을 것을 다짐하고 헤어졌다.

그 후 몇 해가 흘렀다. 처녀는 약속한 대로 변함없이 그를 기다리고 있었지만, 청년은 타향에서 결혼을 하고 아이를 낳아 행복하게 살았다.

그러던 어느 날 그 아이가 밖에서 놀다가 지친 나머지 풀밭에 누워 잠들었다. 이때 족제비가 나타나 그 아이의 목을 물어서 죽였다.

어느덧 세월이 흘러 그들 사이에는 또다시 아이가 태어났고, 그들은 다시 행복한 나날을 보냈다.

그 아이가 자라서 걷게 되었을 무렵 그 아이는 우물가로 놀러 가게 되었다. 그러나 불행하게도 우물 속에 비치는 여러 가지 그림자를 보다 결국에는 빠져 죽고 말았다. 비로소 청년은 옛처녀와 약혼했었다는 사실과 증인이 되어 준 족제비와 우물을 기억해 냈다.

청년은 아내에게 그 사연을 이야기하고 헤어진 뒤로 처녀가 살고 있는 마을로 돌아왔다.

그때까지도 자기를 기다리며 혼자 살았던 처녀와 결혼한 그는 아무 탈없이 행복하게 살았다.

❊❊ 가정의 평화

랍비 메이어는 매우 설교를 잘하는 것으로 유명하다. 그는 매주 금요일 밤이면 예배당에서 설교를 했는데 몇 백 명이나 되는 사람들이 모여들곤 했다. 그들 가운데 그의 설교를 남달리 좋아하는 여자가 있었다.

대부분의 여자들은 금요일 밤이면 안식일에 먹을 음식을 장만한다. 그런데 그녀는 만사를 제쳐놓고 메이어의 설교를 들으러 갔다.

메이어는 장시간 설교를 했고 그녀는 만족스럽다는 듯이 집으로 돌아왔다. 이때 문밖에서 그녀를 기다리고 있던 남편이 화를 냈다.

"도대체 어디를 갔다 오는 거요?"

아내가 말했다.

"예배당에 가서 메이어님의 설교를 듣고 왔어요."

그러자 남편이 버럭 화를 내며 말했다.

"그 메이어의 얼굴에 침을 뱉고 오시오. 그렇지 않으면 집에 들어올 생각을 하지 마시오."

남편에게 쫓겨난 여자는 하릴없이 친구의 집에서 머물 수밖에 없었다.

이 사실을 전해 들은 메이어는 자신의 설교가 너무 길었기 때문에 결국 한 가정의 평화가 깨졌음을 알았다.

그는, 그녀를 불러 눈이 몹시 아프다고 호소했다.

"눈이 아플 때는 침으로 씻어 내는 것이 약이 된다던데, 당신이 좀 씻어 주시오."

이 말을 들은 그녀는 자신도 모르게 메이어의 눈에 침을 뱉었다.

제자들이 따지듯 물었다.

"어찌 덕망이 높은 선생님의 눈에 침을 뱉도록 허락하셨습니까?"

그러자 랍비 메이어는 이렇게 말했다.

"가정의 평화를 위해서라면 그것보다 더 심한 일이라도 해야 한다네."

✳✳ 리더

한 마리의 뱀이 있었다. 뱀의 꼬리는 언제나 머리가 가자는 대로 따라다니기만 했다.

견디다 못한 꼬리가 머리에게 불만을 터뜨렸다.
"왜 나는 무작정 네 꽁무니만 따라다녀야 하고, 너에게 끌려 다녀야만 하니? 이건 너무나도 불공평한 일이야. 나도 몸의 한 부분인데 언제나 노예처럼 끌려 다녀야 한다는 건 말도 안 돼?"

그러자 머리가 말했다.
"그런 바보 같은 말은 하지도 마라.
너에게는 앞을 볼 수 있는 눈도 없고, 위험을 감지할 귀도 없고, 행동을 결정할 두뇌도 없잖아. 나는 결코 나 자신만을 위해 그러는 것이 아니야. 어디까지나 너를 생각해서 끌고 다니는 거야."

꼬리는 크게 웃으면서 말했다.
"그따위 말은 귀가 따갑도록 들었어. 어떤 독재자나 폭군도 한결같이 남을 위한다는 구실을 핑계로 언제나 제멋대로 행동했지."

그러자 머리가 말했다.

"네가 진정 그렇게 말한다면 내 역할을 네가 대신 해봐라."

꼬리는 뛸듯이 기뻐하며 앞서서 움직이기 시작했다. 그러나 얼마 못 가서 도랑으로 곤두박이쳤고, 결국 머리가 천신만고 끝에 도랑에서 기어나왔다.

또 얼마를 더 기어가다가 이번에는 꼬리가 가시덤불 속으로 빠져 들고 말았다.

꼬리가 가시덤불을 빠져나오려고 발버둥질치면 칠수록 가시덤불에 점점 더 찔려 어찌할 도리가 없었다.

그러다가 이번에도 머리의 도움으로 뱀은 겨우 가시덤불을 헤치고 나왔다.

꼬리는 계속 고집을 피우면서 다시 앞서서 가다가 이번에는 불 속으로 들어가고 말았다.

몸이 점점 뜨거워지자 꼬리는 겁이 나기 시작했다.

다급해진 머리가 필사적으로 빠져나오려 했으나 이미 때는 늦었다. 결국 몸뚱이는 불타고 머리도 함께 죽고 말았다.

이처럼 머리는 맹목적인 꼬리로 인하여 죽게 된 것이다.

언제나 그렇듯이 리더를 선출할 때에는 머리를 선택해야

지 꼬리와 같은 사람을 선택해서는 안 된다.

❊❊ 벼락부자가 된 가난뱅이

어느 날 갑자기 벼락부자가 된 가난뱅이가 있었다. 이때
랍비 힐렐은 그에게 말 한 필과 마부를 주었다.
어느 날 마부는 보이지 않고, 그 벼락부자는 자기 말을 앞
에서 끌고 3마일(1마일은 약 1,609m.)이나 걸었다.

❊❊ 재산보다 중요한 지식의 가치

이 이야기는 어느 배 안에서 일어난 일이다.
배에 탄 승객들 중에 랍비 한 사람만 빼고 전부 다 큰 부자
였다. 부자들은 자기들의 재산을 서로 견주며 자랑하고 있
었다.

그러자 랍비가 말했다.
"나야말로 여기서 제일 부자라고 생각하지만, 당장 재산을 보

74

여 줄 수 없으니 퍽 유감이오."

얼마 후 이 배는 해적들의 습격을 받았는데 그 부자들은 해적들에게 자신이 가지고 있던 금은보화를 모두 빼앗겼다.

해적들이 사라진 뒤 배는 가까스로 어느 항구에 닻을 내렸다.

랍비의 높은 인격과 교양은 곧 그 항구 사람들에게 알려졌다.

그는 평판이 좋았으므로 그곳에 학교를 열고 학생들을 가르치게 되었다.

세월이 흐른 후 랍비는 우연히 배에 탔던 부자들을 만났는데 그들은 비참하게 몰락해 있었다.

그들은 랍비를 보고 말했다.
"당신의 말이 옳았소. 지식을 가지고 있는 사람은 모든 것을 가지고 있는 것과 마찬가지요."

지식은 가지고 다닐 수 있으며 어느 누구에게 빼앗길 염려도 없다. 그 이후로 교육이야말로 가장 값진 것이라는 인식이 널리 퍼졌다.

✳✳ 이성과의 관계

한 젊은이가 깊은 사랑에 빠져 죽을 지경에 이르자, 의사를 찾아갔다.

의사가 말했다.
"이 병은 당신이 이성을 그리워해서 생긴 상사병인 것 같습니다. 그 여자와 관계를 가지면 곧 나을 겁니다."

젊은이는 랍비에게 의사로부터 들은 이야기를 했다. 이럴 경우 어떻게 했으면 좋겠느냐고 물었다.

랍비는 그와 같은 관계는 안 된다고 말했다.

그러자 그 여자의 벌거벗은 알몸을 보면 어떻겠느냐고 물었다.

랍비는 그것도 역시 안 된다고 말했다.

젊은이는 다시 담장을 사이에 두고 그 여자와 마주 서서 이야기를 하는 것은 어떻겠느냐고 물었다.

그러자 랍비는 그것마저도 안 된다고 말했다.

물론 탈무드에서는 그 여자가 유부녀인지 처녀인지 밝히지는 않았다.

그 젊은이를 비롯하여 다른 사람들까지도 왜 그 모든 조건을 완강하게 반대하느냐고 랍비에게 물었다.

랍비는 이렇게 대답했다.
"사람은 모름지기 순결이 중요하오. 만일 사람들이 서로가 마음만 통한다고 하여 관계를 갖는다면 사회의 질서는 문란해질 것이오."

※※ 효심이 지극한 두마의 어느 젊은이

고대 이스라엘의 두마에는 어느 젊은이가 살고 있었는데 그는 금화 6천 개에 해당되는 큰 다이아몬드를 가지고 있었다.

어느 날 랍비는 성전 내부의 제단을 장식하기 위해 금화 6천 개를 들고 그의 집으로 다이아몬드를 사러 갔다.

공교롭게도 그의 아버지는 다이아몬드가 든 금고 열쇠를 베개 밑에 두고 잠들었다.

젊은이는 랍비에게 이런 말을 했다.

"곤히 주무시는 아버지를 깨울 수가 없습니다. 죄송하게도 지금은 다이아몬드를 팔 수가 없습니다."

그만큼 큰돈을 벌 수 있었는데 잠자는 아버지를 깨우지 않았다는 것은 대단한 효심이 아닐 수 없다.

랍비는 감탄하며 이 이야기를 많은 사람들에게 널리 전했다.

※※ 진정한 효도

어느 한 젊은이가 살찐 닭을 아버지에게 대접했다.

"이렇게 살찐 닭을 어디서 났느냐?"

"아버지, 그런 염려는 마시고 어서 많이 드시기나 하세요."

그 말을 들은 아버지는 더 이상 묻지 않았다.

한편 한 방앗간 젊은이는 방앗간에서 방아를 찧고 있었다. 때마침 나라 안의 모든 방아쟁이를 소집하겠다는 국왕의 포고령이 내렸다.

방앗간 젊은이는 아버지에게 방앗간을 맡기고 자기는 아

버지를 대신해서 궁궐로 갔다. 이 두 젊은이 중에서 누가 천국으로 가고, 누가 지옥으로 떨어졌겠는가? 그리고 그 이유는 무엇인가?

방앗간 젊은이는, 국왕이 강제로 소집한 노동자들에게는 혹사와 매질은 물론 좋은 음식도 주지 않는다는 사실을 미리 알고 있었다.

즉 아버지를 대신에서 떠난 젊은이는 당연히 천국에 갈 것이고, 아버지에게 닭을 대접한 젊은이는 아버지의 묻는 말에도 대답을 하지 않았으므로 지옥에 떨어질 것이다.

따라서 당신은 부모에게 정성을 다해 대접할 것이 아니라면 차라리 일을 시키는 편이 더 낫다.

❊ 어머니에 대한 랍비의 효도

랍비가 그의 어머니와 둘이서 길을 걷고 있었다. 그런데 돌이 많고 길이 울퉁불퉁하여 걷기가 몹시 힘들었다.

랍비는 그의 어머니가 발걸음을 뗄 적 마다 손바닥을 내밀어 밟고 가게 했다.

탈무드에 부모가 등장하면 언제나 아버지를 우선으로 하는데 이것은 유일하게 어머니에 대한 이야기이다.

마찬가지로 어머니도 아버지와 같이 소중하다는 것을 교훈 삼아 전하기 위한 것이다.

만일 부모가 동시에 물을 마시고 싶다면 물은 아버지께 먼저 드려야 한다. 그것은 어머니도 아버지를 모실 입장에 있기 때문이다.

여기서 어머니에게 먼저 드렸다고 해도 어머니는 자기가 먼저 마시지 않고 다시 아버지에게 드릴 것이 분명하다.

❊❊❊ 품삯은 능력에 따라 받는 것이 원칙

왕에게는 포도밭이 있었는데 그곳에는 많은 일꾼들이 일을 하고 있었다. 그중에 한 일꾼은 다른 일꾼들보다 비상한 능력도 있으면서 성실하기까지 했다.

어느 날 왕이 포도밭을 찾아와 이 유능한 일꾼과 포도밭을 산책했다.

유태인들의 전통에 따르면 모든 일꾼들은 하루의 일을 끝낸 뒤 줄을 서서 똑같이 품삯을 받는다.

이때 그 유능한 일꾼도 똑같이 품삯을 받자 다른 일꾼들이 왕에게 항의를 했다.

"이 사람은 두 시간만 일하고 나머지 시간은 폐하와 함께 산책을 했습니다. 그런데 우리와 똑같이 품삯을 받는다는 것은 말도 안 됩니다."

그러자 왕이 말했다.

"너희들이 종일 걸려서 한 일을 이 사람은 두 시간 만에 끝냈다."

언젠가 28세로 죽은 랍비는 보통 사람들이 백년을 산 것보다도 더 많은 일을 해냈다.

문제는 몇 해 동안을 살았느냐가 중요한 것이 아니다. 얼마만큼 업적을 남겼느냐가 중요한 것이다.

❋❋ 세 명의 친구

어느 날, 왕은 한 젊은이에게 사람을 보내어 즉시 입궐토록 명령했다.

그 젊은이에게는 세 명의 친구가 있었다.

그는 첫 번째 친구를 아주 소중하고도 제일 다정한 친구로 생각하고 있었다. 두 번째 친구는 역시 친하기는 하지만, 첫 번째 친구만큼 소중하게 생각하지는 않았다. 세 번째 친구는 친구라고 생각은 하지만 그렇게 다정한 사이는 아니었다.

왕의 명령을 받은 젊은이는 벌을 받지나 않을까 지레 겁을 먹었다.

젊은이는 겁이 나자 감히 왕 앞으로 나설 용기가 없었다. 그는 생각다 못해 세 명의 친구에게 함께 갈 것을 부탁했다.

그는 먼저 아주 소중히 여기는 첫 번째 친구에게 함께 갈 것을 부탁했다. 그 친구는 한마디로 거절했다.

두 번째 친구에게 부탁했다.

"궁궐 앞까지는 함께 갈 수는 있지만, 그 이상은 갈 수 없네."

세 번째 친구에게 부탁했다.

"물론, 함께 가 주지. 자네는 어떤 잘못도 하지 않았기 때문에 조금도 두려워할 것이 없네, 내가 가서 왕께 고하겠네."

왜, 세 명의 친구들은 모두 다르게 행동을 했을까?

첫 번째 친구란 재산이다.

사람이 아무리 재산을 소중하게 여기고 사랑한다 한들 죽을 때에는 모든 것을 두고 가게 마련이다.

두 번째 친구란 친척이다.

무덤까지는 따라가 주지만 그를 그곳에 남겨 두고 돌아선다.

세 번째 친구란 선행이다.

평소에는 별로 주목을 받지 못하지만 죽은 뒤에도 영원히 그와 함께한다.

❋❋ 불행한 관계

한 우리에서 양과 호랑이가 함께 살 수 있을까? 그것은 불가능한 일이다. 사람도 이와 마찬가지로 시어머니가 없는 시아버지와 남편이 없는 과부 며느리가 한 지붕 밑에서 살수는 없다.

❋❋ 유죄 판결을 받은 닭

한 마리의 닭이 있었다. 그 닭은 갓난아이를 죽인 혐의로 재판에 넘겨졌다.

법정은 그 닭이 요람에 누워 있는 갓난아이의 머리를 쪼아서 죽게 한 혐의를 따졌다.

결국 증인들의 증언에 의해 가엾게도 이 닭은 유죄 판결을 받고 처형되었다.

이 이야기는 비록 하찮은 닭이라 할지라도 유죄가 확정되지 않는 한 경솔히 처형할 수 없다는 것을 일깨워 주는 것이다.

❋❋ 쇠붙이를 두려워한 세상의 모든 나무들

쇠붙이가 처음 나왔을 때 세상의 모든 나무들이 두려움에 떨고 있었다.

그러자 하나님께서는 나무들에게 이런 말을 하셨다.

"걱정하지 마라, 너희가 자루를 제공하지 않는 한 결코 너희를 해칠 수가 없느니라."

❋❋ 어릿광대와 영원한 생명

사람들이 많이 모인 장터에 한 랍비가 나타나서 이렇게 말을 했다.

"이 장터에는 영생을 약속한 사람이 있소."

그러나 누가 보아도 그곳에 그럴 만한 사람이 없었다. 때마침 랍비 앞으로 두 사람이 다가오자 랍비가 말했다.

"이 두 사람이야말로 착한 일을 많이 하는 사람들이오. 과연 영생을 얻기에 부족함이 없오."

모인 사람들이 말했다.

"당신들은 도대체 무슨 일을 하는 사람이오?"

그러자 그들은 말했다.

"우리들은 어릿광대요. 쓸쓸한 사람들에게는 웃음을 주고, 다투는 사람들에게는 평화를 준다오."

✳✳ 존재의 가치

다윗 왕은 평소에 거미라는 것은 언제 어디서나 장소를 가리지 않고 거미줄을 치는 더러운 벌레쯤으로 여겼다. 그래서 아무짝에도 쓸모가 없다고 무시해 버렸다.

그러던 어느 날, 그가 적군에게 쫓겨 길을 잃고 포위되었다. 다급한 그는 동굴로 피신할 수 밖에 없었다.

바로 이때 동굴의 입구에서는 한 마리 거미가 거미줄을 치기 시작했다.

얼마 뒤 추격해 온 적군 병사가 동굴 앞까지 왔다. 입구에는 거미줄이 쳐져 있었다. 그것을 본 적군 병사는 아군이 동

굴 안에 숨어 들 리가 없다는 듯 발길을 돌렸다.

 또 언젠가 다윗 왕은 전략상 적장의 침실로 잠입하여 칼을 훔친 뒤, 다음날 아침 그 칼로 적장을 감화시키려 했다.

 "나는 감쪽같이 당신의 칼을 훔칠 정도요. 그러니 마음만 먹으면 언제든지 당신을 죽일 수도 있소."

 그런 생각을 했지만 좀처럼 기회가 오질 않았다. 그러던 어느 날 적장의 침실까지는 몰래 숨어 들어갈 수 있었다. 하지만 적장이 칼을 발밑에 깔고 자는 바람에 도저히 훔칠 수가 없었다.

이때 계획을 단념하고 돌아서려는 순간, 한 마리의 모기가 적장의 발 위에 앉았다. 그러자 적장은 무의식중에 발을 움직였고 그는 마침내 칼을 훔칠 수가 있었다.

이처럼 **세상에는 쓸모없는 것이 없다.** 그러므로 아무리 보잘것없는 것이라 해도 홀대해서는 안 된다.

❋❋ 선행을 위한 여러 가지 쾌락

배가 항해를 하고 있었다.

때마침 사나운 비바람과 거센 파도로 인하여 배는 항로를 잃게 되었다.

아침이 되자 바다는 다시 잠잠해 지고 어느 섬인지는 모르지만 배는 아름다운 섬에 있었다. 그 섬에는 온갖 아름다운 꽃들과 먹음직스런 과일이 주렁주렁 열려 있고, 신선한 녹음 사이로 온갖 새들이 다정하게 재잘거린다.

배에서 내린 승객들은 다섯 무리로 나뉘었다.

첫 번째 무리는 자기들이 섬으로 올라가는 동안에 순풍이 불면 배는 곧 떠날 거라고 생각했다.

그들은 불안한 마음이 들자 섬의 아름다운 경치를 보지 못하고 처음부터 배에 남아 있었다.

두 번째 무리는 급히 섬으로 올라갔다. 그리고 향긋한 꽃 내음이 있는 나무 그늘 아래서 맛있는 과일을 따먹었다. 그들은 기운이 회복되자 배가 있는 곳으로 돌아왔다.

세 번째 무리는 섬에 너무 오래 머물렀다. 그들은 순풍이 불어오자 배가 떠난 줄로만 알고 허겁지겁 돌아왔다. 그 때문에 소지품도 챙기지 못하고, 자기들이 앉았던 배 안의 좋은 자리까지 빼앗겼다.

네 번째 무리는 순풍이 불어와 선원들이 닻을 올리고 돛을 올리는데도, 설마 선장이 자기들을 남겨놓고 떠날까 하는 생각에 그대로 섬에 남아 있었다.

막상 배가 떠나자 허둥지둥 헤엄을 쳐 가까스로 배에 탈 수 있었다. 서두른 탓에 바위나 뱃전에 부딪친 상처가 오랫동안 아물지 않았다.

다섯 번째 무리는 너무나 많이 먹고 아름다운 경치에 도취되었다. 그들은 출항을 알리는 배의 고동 소리조차 듣지 못했다.

섬에 남겨진 그들은 숲속의 맹수들에게 잡아먹히거나 독이 있는 열매를 먹고 탈이 나기도 했다. 결국 다 죽고 말았다.

당신이라면 이 다섯 무리 중, 어느 무리에 속하는가? 잠시 생각해 보기 바란다.

이 이야기에 나오는 배는 인생에 있어서의 선행이고, 섬은 쾌락을 의미한다.

첫 번째 무리는 쾌락을 전혀 추구하려 하지 않았다.

두 번째 무리는 어느 정도의 쾌락을 추구하면서도 목적지로 가야 한다는 신념만큼은 잃지 않았다. 이것은 가장 현명한 처사이다.

세 번째 무리는 지나친 쾌락에 빠지지 않고 돌아오기는 했으나 역시 어느 정도는 고생을 한다.

네 번째 무리는 결국 선택을 하지만 그것이 너무 늦어 목적지에 도착하더라도 상처뿐이다.

다섯 번째 무리는 일생 동안 허영에 들떠 있으므로 장래의 일을 잊어버리고 살거나, 달콤한 과일 속에 독이 들어 있는 줄도 모른 채 먹기 십상이다. 이것은 자칫 사람들이 빠지기 쉬운 함정이다.

✽✽ 사랑의 서약문

젊은 청춘 남녀가 사랑에 빠졌다. 청년은 처녀에게 평생 성실할 것을 맹세했다.

얼마 동안 둘 사이는 행복한 나날을 보냈다.

그러던 어느 날 청년은 처녀를 남겨 두고 먼 길을 떠났다. 처녀는 그가 돌아오기를 손꼽아 기다렸다. 하지만 그는 영영 돌아오지 않았다.

가까운 친구들은 처녀를 동정했고, 그녀를 질투하는 여자들은 그가 절대로 돌아오지 않을 거라며 비웃었다.

처녀는 집에서 평생 성실할 것을 맹세한 청년의 서약문을 꺼내 보고 눈물을 흘렸다. 그 서약문은 그녀에게 있어서 위로와 힘이 되었다.

그러던 어느 날 청년이 돌아왔다. 처녀는 오랫동안 쌓였던 슬픔을 그에게 호소했다.

청년이 말했다.

"그렇게까지 고통을 견디면서 어찌 나만을 기다리고 있었소?"

그러자 처녀가 미소를 지으며 말했다.

"전 이스라엘 국가와 같은 걸요."

도움말: 이스라엘이 외세의 지배를 받고 있었을 때 다른 나라 사람들은 모두가 유태인을 비웃었을 뿐만 아니라, 이스라엘이 독립한다는 얘기를 들었을 때에도 그들은 이스라엘 현인들을 비웃었다.

그러나 유태인들은 오직 학교와 예배당을 통해 유태인의 긍지와 전통을 계승해 왔다.

유태인들은 하나님이 이스라엘에 준 서약문을 탐독하고 그 거룩한 서약문을 믿고 살아왔다.

그 결과 이스라엘은 드디어 독립을 하게 되었다. 그와 같이 그녀도 청년의 서약문을 탐독하며 그를 믿고 그가 돌아오기를 기다렸으므로, 이것이 이스라엘 국가와 마찬가지라는 뜻이다.

*** 일생의 7단계 변화

탈무드에 의하면 사람의 일생은 7단계로 나뉜다.

1세는 **임금님과 같다.**
임금님처럼 모든 사람들이 받들기도 하고 달래면서 기분을 맞춰 준다.

2세는 **돼지와 같다.**
돼지처럼 천방지축 겁없이 뛰어다닌다.

10세는 **새끼양과 같다.**
깔깔거리면서 떠들고 즐겁게 뛰어다닌다.

18세는 **말과 같다.**
다 컸다고 뽐내며 힘 자랑을 하고 싶어한다.

결혼을 하면 당나귀와 같다.
가정이라는 무거운 짐을 지고 끙끙대며 걸어다녀야 한다.

중년은 개와 같다.

가족을 먹여 살리기 위해 눈치를 보면서 남의 환심을 구걸한다.

노년은 원숭이와 같다.

다시 어린애가 되지만 이미 아무도 관심을 보이지 않는다.

※※ 하나님은 도둑

구약성서에는 인류 최초의 여성은 아담의 갈비뼈 하나를 뽑아서 만들었다고 전한다.

어느 날 로마의 황제가 랍비의 집으로 찾아가서 말했다.

"하나님이야말로 도둑이란 말이다. 어째서 남자가 잠든 사이에 그의 허락도 없이 갈비뼈를 뽑아갔느냐?"

그러자 옆에 있던 랍비의 딸이 말참견을 했다.

"폐하, 폐하의 부하를 한 명만 빌려 주십시오. 좀 곤란한 문제가 생겨서 그것을 조사시켰으면 합니다."

"그야 어렵지 않지만 그 곤란한 문제란 도대체 무엇이냐?"

"사실은 어젯밤 저희 집에 도둑이 들어와 금고를 훔쳐 갔습니다. 그 대신 금으로 만든 그릇을 놓고 갔습니다. 그것이 어찌된 영문인지 조사해 보고 싶어서 그런 것입니다."

"그래, 그것 참 부러운 얘기다. 그런 도둑이라면 내 집에도 들어왔으면 좋겠다."

그러자 랍비의 딸은 이렇게 말했다.
"그러실 것입니다. 하지만 그것은 결국 아담의 몸에서 일어났던 상황과 같지 않습니까? 하나님께선 하나의 갈비뼈를 훔쳐 가셨지만, 그 대신 이 세상에 여자를 남기셨으니까요."

✳✳ 임금이 된 노예

마음씨 착한 부자가 살았다. 그는 노예를 해방시켜 기쁘게 해 주고 싶었다. 부자는 배에 많은 물건을 실어 그에게 주었다. 그리고 어디든 가서 그것을 팔아 자유롭고 행복하게 살라 했다.

이윽고 배는 망망 대해로 출항했는데 그 배는 폭풍을 만나 침몰하게 되었다. 노예는 배에 실었던 물건을 모두 잃은 채 맨몸으로 헤엄쳐 간신히 인근의 섬에 이르렀다. 그는 모든 것을 잃었기 때문에 극한 고독과 슬픔에 잠겼다. 그 노예는 정처 없이 섬 안을 헤맨 끝에 큰 마을에 다다랐다. 그 때 그는 옷조차 걸치지 않은 알몸이었다.

그럼에도 불구하고 마을 사람들은 모두 나와 환호성을 울리며 그를 맞이했다. 왕으로 추대된 그는 호화스런 궁궐에 살면서도 꿈을 꾸고 있는 것만 같았다.

자신의 현실이 믿기지 않자 그는 마을 사람에게 물었다.

"도대체 어찌 된 일인가? 나는 여기에 알몸으로 왔는데, 갑자기 나를 임금으로 추대한 이유가 무엇인고?"

그러자 마을 사람들이 말했다.

"우리는 살아 있는 사람이 아닙니다. 우리들은 영혼이랍니다. 그래서 매해 한 번씩 사람이 이 섬으로 와서 우리들의 임금이 되어 주기를 바라고 있는 것입니다. 그러나 조심하셔야 합니다. 임금님께서는 1년이 지나면 이 섬에서 추방되는 것은 물론, 살아 있는 것도 없고 먹을 것도 없는 무인도로 가셔야 할 테니까요."

임금이 된 노예는 그에게 고마움을 표했다.

"정말 고맙네. 그렇다면 지금부터 1년 후를 위해서 여러 가지 준비를 해야겠군."

그는 1년 후를 대비하기 위해 사막과도 다름이 없는 섬으로 가서 꽃은 물론 과일나무와 채소 등을 심었다.

1년이 지나자 그는 행복하게 살았던 그 섬에서 추방되었다. 이제껏 호화스런 생활을 하던 임금이었다. 그런데도 그는 이 섬에 왔을 때와 똑같은 알몸이 되어 죽음의 섬으로 가야 했다.

사막처럼 황폐하기만 했던 이 섬에 도착해 보니 어느새 꽃이 피고 과일이 열리고 야채가 자라는 옥토로 변해 있었다. 그 후 그 섬으로 추방되어 온 사람들에 의해 그는 환대를 받으면서 행복하게 살았다.

도움말: 이 이야기는 여러 가지 상징성을 띠고 있다. 우선 마음씨가 좋은 부자는 하나님이고, 노예는 사람의 영혼이며, 그가 표류하다 만난 섬은 이상 세계이며, 그 섬의 주민들은 환상이다. 1년 후에 추방되어 간 섬은 죽은 뒤에 영혼이 다시 태어나 산다는 내세요, 거기에 있는 꽃과 과일 그리고 야채는 착한 선행이다.

❋❋ 왕의 초대

왕이 하인들을 만찬에 초대했는데 정확한 시간은 알려 주지 않았다.

현명한 하인이 궁궐 앞에서 기다리며 이렇게 말했다.
"왕이기 때문에 만찬은 언제든 열 수 있을 거야. 그 만찬에 참석할 수 있도록 만반의 준비를 해야지."

그러나 어리석은 하인은 마무런 준비도 없이 이렇게 말했다.
"만찬을 준비하자면 시간이 많이 걸릴 거야. 그러니 만찬이 있을 때까지 기다려야지."

막상 만찬이 열리자 현명한 하인은 곧바로 참석하여 맛있는 요리를 먹었다. 그러나 어리석은 하인은 만찬에 참석조차 못했다.

도움말: 당신도 하나님의 만찬에 초대될지 모른다. 초대될 경우 당황하지 말고 언제나 참석할 수 있도록 준비해야 한다.

※※ 소경과 절름발이

임금님에게는 나무가 있었다. 그 나무에는 아주 맛있는 열매가 열린다.

임금님은 그 나무를 지키기 위해 두 사람의 지킴이를 고용했다. 한 사람은 소경이고 다른 한 사람은 절름발이었다.

어느 날 두 지킴이는 열매를 따먹기 위해 모의했다. 소경의 어깨 위에 올라탄 절름발이는 그를 열매가 있는 쪽으로 데리고 갔다. 그곳에서 서로 맛있는 과일을 실컷 따먹었다.

과일이 없어진 것을 눈치챈 임금님은 크게 화를 내며 두 지킴이를 혼냈다.

소경은 앞을 볼 수 없는 형편인데 어떻게 따먹을 수 있느냐고 우기고, 절름발이는 저렇게 높은 곳을 이런 다리로 어떻게 올라가느냐고 되물었다.

임금은 맞는 말이라고 인정하는 체했으나 속으로는 결코 두 사람을 믿지 않았다.

어떤 일에 있어서나 둘의 힘은 하나의 힘보다 훨씬 위대하다.

도움말: 사람이란 육체만 가지고는 아무런 일도 해낼 수가 없다. 또한 정신만으로도 불가능하다. 이 두 가지가 합쳐질 때만이 좋은 일이건 나쁜 일이건 할 수 있는 것이다.

✳✳ 남자는 여자 하기 나름

어느 착한 부부가 이혼을 했다.

남편은 곧 재혼을 했으나 재수 없게도 악한 여자를 만나 똑같이 악한 사람이 되었다.

아내 역시도 재혼을 했다. 그는 악한 남자를 만났다. 악한 남자는 아내와 똑같이 착한 사람이 되었다.

이처럼 남자는 여자 하기 나름이다.

✳✳ 은둔 생활

만일 유태인이 속세를 떠나 10년 동안 공부만을 했다면, 10년 후 하나님께 제물을 바쳐 용서를 빌어야 한다.

아무리 훌륭한 공부를 했다 하더라도 사회로부터 자기를 격리시킨다는 것은 죄악이다. 따라서 유태인 사회에는 은

둔자가 별로 없다.

※※ 유태의 법률

유태의 법률에는 대부분 지킬 수 없는 법은 만들지 말아야 한다고 명시되어 있다.

**고난이 우리를 찾아오는 것은 우리를 슬픔이나 비탄에 빠지게 하는 것만은 아니다. 그것은 우리를 지혜롭게 만들며 스스로를 강하게 만들기도 한다. 때로는 기를 꺾기도 하지만 그 고난을 통하여 우리를 더욱 새롭게 만든다.

헨리 워드 비처

☀☀ 악마와 포도주

태초에 사람이 포도나무를 심고 있었다. 그 당시 악마가 찾아와서 무슨 일을 하느냐고 물었다.

사람이 말했다.
"나는 지금 아주 대단한 나무를 심고 있어."

악마가 말했다.
"이건 처음 보는 나문데."

사람은 악마에게 이런 설명을 했다.
"이 나무에는 아주 달콤하고 맛있는 열매가 달리지. 또 그 열매의 즙을 마시면 아주 행복해지지."

그러자 악마는 자기와 꼭 동업을 하자고 꾄 다음, 양과 사자와 원숭이와 돼지를 끌고 왔다. 그리고 그것들을 모두 죽인 후에 그 피를 거름으로 부었다.
이렇게 해서 수확된 포도는 포도주가 되어 세상에 처음 생겨난 것이다.

술은 처음 마시면 양처럼 온순하고, 조금 더 마시면 사자처럼 용맹해지고, 아주 더 마시면 원숭이처럼 춤을 추고 노래하고, 갈 때까지 마시면 뒹굴어 돼지처럼 추해진다.

여기서 술은 악마가 사람에게 준 선물이다.

✳✳ 왕비의 패물과 랍비

어떤 랍비가 로마에 갔는데 거리에는 포고문이 붙어 있었다.

그 포고문은 다음과 같다.

"왕비가 귀한 패물을 분실했다. 만일 30일 이내에 그것을 찾아오는 사람에게는 후한 상을 내릴 것이다. 그러나 30일이 지난 후에 그것을 가지고 있는 사람은 발견 즉시 사형에 처할 것이다."

랍비는 우연히 그 패물을 발견했다. 그것을 가지고 31일째 되는 날 궁궐로 들어가 왕비 앞에 내놓았다.

그러자 왕비가 물었다.

"당신은 30일 전 포고문을 발표할 때 로마에 있었나요?"

랍비는 그렇다고 대답했다.

왕비는 다시 말했다.
"30일이 지난 후에 이것을 가져오면 어떤 벌을 받는지 알고 있나요?"

랍비는 또 알고 있다고 대답했다.

왕비가 말했다.
"그러면 왜 30일이 지나도록 이것을 가지고 있었나요? 만일 어제만 가져왔더라도 당신은 후한 상을 받을 수 있었을 텐데, 당신은 목숨이 아깝지도 않나요?"

랍비는 이렇게 말했다.
"만일 30일 이전에 이것을 돌려드렸다면, 사람들은 내가 당신을 두려워하거나 존경하는 것쯤으로 생각할 것입니다. 내가 오늘까지 기다렸다가 이 패물을 돌려드리는 것은 내가 결코 당신을 두려워하지 않으며, 오직 두려워하는 것은 하나님뿐이라는 사실을 사람들에게 알려 주고 싶었기 때문입니다."

이 말을 들은 왕비는 자세를 가다듬고 이렇게 말했다.

"그토록 하나님을 훌륭히 섬기는 당신에게 깊은 경의를 표합니다."

❊❊ 랍비의 보디 랭귀지

로마의 황제가 이스라엘의 가장 훌륭한 랍비와 친하게 지내고 있었다. 그 두 사람은 공교롭게도 생일이 같았다.

양국 정부의 관계가 별로 좋지 않았을 때에도 두 사람은 항상 친분 관계를 유지하고 있다.

두 나라의 관계로 볼 때 이런 친분 관계가 바람직한 것은 아니다. 황제는 그것을 알면서도 무엇인가 묻고자 할 때에는 은밀히 사람을 보내어 그의 의견을 듣곤 한다.

어느 날 황제는 랍비에게 사신을 보냈다.

"나는 하고 싶은 것이 두 가지 있소. 첫째는 내가 죽은 후에 아들을 왕위에 오르게 하고 싶은 것이고, 둘째는 이스라엘에 있는 티베리아스 도시를 자유관세지역으로 만들고 싶은 것이오. 나는 이 둘 중에서 하나밖에 달성할 자신이 없소. 이 두 가지를 모두 이룰 수는 없겠소?"

당시 양국의 관계는 몹시 험악한 상태였다.
황제의 자문에 랍비가 그 답을 전해 주었다면 국민의 저항이 클 것은 뻔한 일이다. 그래서 랍비는 황제의 자문에 공개적으로 답변을 전할 수가 없었다.

빈손으로 돌아온 사신에게 황제는 물었다.
"그래, 서신을 받고 나서 랍비가 무슨 말을 하더냐?"

황제의 물음에 사신은 이렇게 대답했다.
"랍비는 자기의 아들을 무동태운 다음 비둘기를 아들에게 주어 하늘로 날려보내게 했습니다. 그것 말고는 아무 말도 없었습니다."

황제는 랍비가 말하고자 하는 뜻을 짐작할 수가 있었다.
우선 왕위를 아들에게 물려주고 그로 하여금 관세 지역을 자유화하면 된다는 얘기였다.

얼마 후 황제가 또 랍비에게 자문을 구했다.

"우리 정부의 관리들이 내 마음을 몹시 괴롭히고 있으니 무슨 해결책이 없소?"

랍비는 이번에도 아무 말없이 텃밭으로 나가더니 채소 한 포기를 뽑아 가지고 돌아왔다. 잠시 후에 다시 밭에 나가 한 포기를 뽑고, 잠시 후에 또 한 포기를 뽑는 것이었다.

황제는 랍비의 뜻을 알아차렸다.

"당신들의 관리들을 한 번에 쫓아내지 마시고, 몇 번이고 나누어 한 사람 한 사람 쫓아내시오."

✳✳ 전화위복

랍비 아키바가 나귀와 개 그리고 작은 램프 하나를 가지고 여행길로 나섰다.

날이 어두워지자 아키바는 한 채의 헛간을 발견하고 거기서 하룻밤을 묵기로 했다.

잠을 자기에는 아직 이른 시간이었기 때문에 그는 램프에 불을 켜고 책을 보기 시작했다. 그런데 난데없는 바람이 불어 램프가 꺼져 버렸다. 그는 하는 수 없이 잠을 청할 수밖에 없었다.

그가 잠든 사이 여우가 와서 그의 개를 죽이고 사자가 와서 나귀를 죽였다.

이튿날 아침 그는 램프만을 가지고 혼자서 터벅터벅 길을 떠났다. 마을 근처에 다다르니 사람의 흔적은 하나도 없었다.

그는 간밤에 도적들이 이곳 마을을 습격하여 집도 파괴하고 사람도 죽였다는 사실을 알게 되었다.

만일 램프가 바람에 꺼지지 않았던들 그도 도적의 눈에 띄었을 것이다.

개가 살았더라면 개가 짖어 도둑의 무리가 몰려왔을 것이고, 나귀도 소란을 피웠을 것이다.

그는 이 모든 것을 잃은 대가로 목숨을 부지하게 되었다.

여기서 랍비 아키바는 최악의 상황이라도 희망을 잃지 않는다면 결국 나쁜 일이 좋은 일로 바뀔 때가 온다는 사실을 깨달았다.

✳✳ 모두를 위한 기도

각국에서 모여든 사람들이 한 배에 타고 있었다. 항해를 하던 그때 갑자기 폭풍이 몰아쳤다. 사람들은 저마다 자기 나라의 신에게 자기 방식대로 기도를 했다. 그러나 폭풍은 점점 더 거칠게 몰아쳤다.

각국 사람들은 유태인에게 물었다.
"왜 당신은 기도를 하지 않는 거요?"

그 말을 들은 유태인이 기도를 시작하자 갑자기 폭풍이 사라졌다. 그리고 얼마 후 배가 항구에 무사히 도착했다.

사람들은 어찌된 영문인지 그에게 물었다.
"우리들이 열심히 기도를 해도 전혀 효험이 없었는데 당신이 기도를 하자 폭풍이 사라졌소. 그 이유가 무엇이오?"

그러자 유태인은 이렇게 말했다.
"그건 나도 잘 알 수 없습니다. 당신들은 서로 당신네 나라에서 믿는 신에게 기도했습니다. 바빌로니아 사람은 바빌로니아의 신에게 기도하고, 로마 사람은 로마의 신에게 기도했습니다. 그러나 바다는 어느 나라에도 속해 있지 않습니다. 우리 유태인의 신은 온 세상을 지배하는 신이므로 바다에서 기도한 내 소원까지도 들어주신 것 같습니다."

❋❋ 하드리아누스 황제와 유태인

역대 로마의 황제 가운데 하드리아누스란 황제가 있었다. 그는 유태인을 가장 미워하는 황제이다.

어느 날인가 하드리아누스의 앞을 지나가던 유태인이 인사를 했다.
"폐하, 안녕하십니까?"

그러자 황제가 말했다.
"자넨 누군가?"
"전 유태인입니다."

황제는 부하에게 명령했다.

"저 놈의 목을 당장 쳐라."

이튿날 또 유태인이 황제의 앞을 지나가게 되었다. 그런데 그는 인사를 하지 않았다.

황제는 부하에게 이렇게 명령했다.
"로마 황제에게 경의를 표하지 않은 죄로 저 놈의 목을 당장 쳐라."

그러자 대신들이 이상하게 여겨 황제에게 물었다.
"폐하, 어제는 인사한 유태인을 죽이시더니, 오늘은 또 인사하지 않은 유태인을 죽이셨습니다. 그 연유가 무엇입니까?"

황제가 말했다.
"내가 한 행동은 양쪽 다 옳다. 그대들은 잘 모를 것이나, 나는 누구보다도 유태인을 어떻게 다뤄야 하는지를 잘 알고 있다."

하드리아누스는 유태인이 어떻게 행동을 하든, 유태인이란 사실 하나만으로도 그들을 무조건 죽였다는 얘기이다.

✳✳ 용서와 10이라는 숫자

당신이 남에게 폭언으로 상처를 주었다고 가정하자. 그 이후로 그 사람을 만났을 때,

'지난번에는 본의 아니게 흥분했습니다. 실례되는 말로 당신의 체면을 손상시켜 대단히 죄송합니다.'라고 사과할 수도 있다.

그래도 상대방이 사과를 완강히 받아들이지 않을 경우에는 어떻게 해야 할까?

이런 경우 유태인들은 10명에게,

'저는 얼마 전에 어떤 사람에게 이러저러한 폭언을 하여 그를 화나게 한 일이 있습니다. 사과를 했지만 용서받지 못했습니다. 저는 지금 진심으로 뉘우치고 있는데 여러분께서는 저의 잘못을 용서해 주시겠습니까?'라고 물어서 그 열 명이 모두 용서해 주면 그 잘못은 완전히 용서받는 셈이 된다.

모욕당한 사람이 죽어서 사과할 수 없는 경우에는 그 묘지에 10명을 데리고 가서 직접 무덤을 향해 용서를 구해야 한다.

이때 10명이란 숫자가 왜 나왔느냐 하면 유태교의 예배

에서는 10명 이상이 모이지 않으면 기도회가 성립되지 않기 때문이다. 9명 이하의 수는 개인이다. 10명이란 수가 차야 비로소 집단이 되는 것이다.

정치적인 결정이 아닌 공적인 결정도 이유 여하를 막론하고 10명이 차지 않으면 안 된다.

결혼식에 있어서도 공적인 결혼식은 10명 이상이 모이지 않으면 결혼으로 인정받지 못한다.

❉❉ 자신을 다스리는 사람이 강한 사람

사람의 육체는 마음에 의해 좌우된다.

마음은 보고, 듣고, 걷고, 서고, 경직되고, 부드러워지고, 기뻐하고, 슬퍼하고, 화를 내고, 두려워하고, 거만해지고, 설득당하고, 사랑하고, 미워하고, 부러워하고, 질투하고, 깊이 생각하고 반성한다.

그러므로 세상에서 가장 강한 사람은 자신의 마음을 다스리는 사람이다.

✳✳ 선생님에 대한 절대적인 신뢰

가장 위대한 랍비가 북쪽 마을을 시찰하려고 두 명의 랍비를 파견했다.

두 랍비가 말했다.
"이 마을을 지키는 사람이 어디에 있오. 만나서 알아볼 일이 있오."

경찰서장이 나왔다.

그러자 두 랍비는 이렇게 말했다.
"아니오. 우리가 만나려는 사람은 이 마을을 지키고 있는 사람이라오."

이번엔 수비대장이 나왔다.

두 명의 랍비는 다시 말했다.
"우리가 만나려는 사람은 경찰서장이나 수비대장이 아니라 학교의 선생님이란 말이오.

경찰이나 군인은 마을을 파괴하기 십상이니 진정으로 마을을 지키는 사람은 이 마을의 선생님뿐이오."

✳✳ 꿈은 암시에서 비롯된다

로마의 한 장교가 랍비를 찾아가 말했다.

"유태인은 매우 현명하다는 말을 들었소. 오늘 밤에 내가 어떤 꿈을 꿀 것인지 가르쳐 주시오."

당시 로마의 가장 큰 적은 페르시아였다.

랍비는 장교에게 말했다.

"페르시아가 로마를 기습하여 로마군을 쳐부수고 로마를 지배하는 것은 물론, 로마인을 노예로 삼는 것과 같은 악몽을 꾸게 될 것이오."

이튿날 아침 로마의 장교가 다시 랍비를 찾아와서 물었다.

"당신은 어떻게 내가 간밤에 꿀 꿈을 미리 예언할 수 있었소?"

꿈은 암시에서 비롯된다는 사실을 전혀 모르는 장교는 자기가 암시에 걸려 있었던 사실조차 모르고 있었던 것이다.

❄ 간절한 꿈

한 젊은이가 이웃집 여인과 바람을 한 번 피워 보고 싶었다. 그러던 어느 날 밤, 그는 드디어 그 여인과 육체적인 관계를 꿈꾸게 되었다.

탈무드에 의하면 그것은 좋은 일이다. 왜냐하면 꿈이란 간절한 소원의 한 표현이다. 만약 그가 육체적인 관계를 가졌더라면 그런 꿈을 꿀 까닭이 없기 때문이다.

이것은 스스로 자신을 그만큼 억제하고 있다는 증거이기 때문에 매우 바람직한 것이다.

❄ 사랑하는 딸에게

사랑하는 딸아, 네가 만일 남편을 왕처럼 공경한다면 남편은 너를 여왕처럼 잘 떠받들 것이다. 그러나 네가 하녀처럼 행동을 한다면 남편은 너를 하녀처럼 대할 것이다.

만일 네가 자존심을 너무 세워 남편에게 봉사하기를 싫어한다면 남편도 너를 완력으로 대할 것이다.

만일 남편이 친구를 만나러 갈 때에는 그로 하여금 목욕을 하게 하고 단정한 옷차림으로 나가게 하라. 또한 그의 친구가 집으로 찾아오거든 정성을 다해서 대접하라. 그렇게 하면 남편은 너를 소중히 생각해 줄 것이다.

언제나 가정에 마음을 쓰고 남편의 소지품을 소중히 다루어라. 그러면 남편은 너에게 왕관을 씌워 대접해 줄 것이다.

✳ 낯선 동물 한 마리

많은 양을 기르고 있는 왕이 있었는데 그는 양치기를 시켜 양들을 날마다 방목했다. 그러던 어느 날 양과는 전혀 다르게 생긴 동물 한 마리가 양떼 속에 끼어들었다.

양치기가 왕에게 물었다.

"낯선 동물 한 마리가 양떼 속으로 끼어들었는데 어떻게 할까요?"

왕이 말했다.

"그 동물을 각별히 보살펴 주도록 하라."

양치기가 의아한 표정을 짓자, 왕은 미소를 지으며 말했다.

"양들은 처음부터 이곳에서 자랐으니 걱정할 것이 없다. 하지만 그 낯선 동물은 지금까지 전혀 다른 환경에서 자라 왔다. 그런데도 불구하고 그렇게 나의 양들과 같이 어울려 있으니 이 얼마나 기쁜 일이냐?"

유태인들은 태어날 때부터 유태의 전통 속에서 자랐다. 그러므로 유태의 전통이 아닌 다른 환경에서 자란 사람이 유태 문화를 이해하고 유태화한 경우에는 원래의 유태인보다도 더 환영을 받는다.

탈무드에는 신앙과 관계없이 선한 사람이라면 누구라도 구원을 받을 수 있기 때문에 애써 유태화를 서두를 필요가 없다고 씌어져 있다.

✻ 족제비와 장물

어느 날 현명한 재판관이 시장을 지나다가 많은 장물들이 시장에서 거래되고 있다는 사실을 눈치챘다.

그는 마을 사람들과 도둑들을 일깨우기 위해 무엇인가 보여 줘야겠다고 마음먹었다.

그는 우선 족제비를 한 마리 내놓고 조그만 고깃덩어리를 하나 주었다. 그러자 족제비는 곧장 그것을 물고 자기의 굴에 감추고 나왔다.

이것을 지켜 본 사람들은 족제비가 어디에 고기를 숨겼는지 쉽게 알 수 있었다.

재판관은 그 굴을 막은 다음 이번에는 더 큰 고깃덩어리를 주었다. 족제비는 그것을 물고 자기 굴로 갔다.

굴이 막힌 것을 안 족제비는 이내 재판관 앞으로 되돌아왔다.

족제비는 그 고깃덩어리를 처리하지 못하자 결국 준 사람에게 되돌려 주려고 왔던 것이다.

이 광경을 본 마을 사람들은 한동안 장보기를 중단했다. 그리고 다 같이 시장으로 몰려가 각자의 물건을 확인한 후 도둑맞은 물건들을 되찾아갔다.

✳✳ 십계명과 유태인의 맹세

어떤 사람이 다음과 같은 내용의 유서를 썼다.

'나의 모든 재산을 자식에게 주되, 그가 진짜 바보가 되지 않는 한 유산을 상속하지 않겠다.'

이 소식을 전해 들은 랍비가 찾아와 그 사람에게 물었다.

"당신은 정말 납득할 수 없는 유서를 썼군요. 도대체 당신의 자식이 진짜 바보가 되지 않는 한 재산을 주지 않겠다니 무슨 이유라도 있습니까?"

그러자 그 사람은 갈대 하나를 입에 물고 엉금엉금 마루 위를 기면서 괴상한 울음소리를 내는 것이었다.

그의 이러한 행동은 자식에게 아기가 생겨 그 아기를 귀엽게 여기면, 그때 가서 재산을 상속하겠다는 뜻이다.

유태인에게 있어서 자식은 가장 소중한 것으로 부모들은 자식을 위하여 모든 것을 희생한다.

속담에 **'자식이 생기면 사람은 바보가 된다'**라는 말도 있다.

하나님은 유태 민족에게 십계명을 내리실 때, 유태인으로부터 반드시 그것을 지키겠다는 맹세를 받으려 하셨다.

이때 유태인들은 우선 유태인의 위대한 조상인 아브라함과 이사악과 야곱의 이름을 걸고 반드시 십계명을 지키겠다고 맹세했다. 하나님은 이것을 승낙하지 않았다. 그러자 유태인들은 앞으로 벌어들일 전 재산을 걸고 맹세를 했다. 그것 역시 승낙하지 않았다. 다시 유태 민족이 낳은 모든 철학자의 이름으로 맹세했다. 그래도 하나님은 승낙하지 않았다.

마지막으로 유태인들은 자식들에게 십계명을 반드시 전해 주겠다며 자식들을 걸고 맹세를 했는데 하나님은 그제서야 비로소 승락을 하셨다.

❋ 고마운 마음으로 사는 이유

이 세상 최초의 사람은 빵 하나를 만들기 위하여 얼마나 많은 일을 해야 했던가.

우선 밭을 갈고 씨앗을 뿌리고, 그것을 가꾸고 수확하고, 빻아서 가루로 만든다. 그리고 그것을 반죽하여 굽는 등 최소한 15단계의 과정을 거치지 않으면 안 되었다.

오늘날은 집에서 빵을 만들지 않고도 손쉽게 빵을 사 올 수 있다.

옛날처럼 한 사람이 해야 했던 15단계의 일을 여러 사람들이 분담하고 있으므로, 누구나 빵을 먹을 때에는 많은 사람들에게 고마운 마음을 가져야 한다.

이 세상 최초의 사람들은 자기 몸에 걸칠 옷을 만들기 위해 얼마나 많은 수고를 해야 했던가.

양을 사로잡아 그것을 기르고, 털을 깎아서 실을 만들고, 옷감을 짜서 다시 꿰매어 입기까지는 많은 노력이 필요했다. 그러나 오늘날에는 누구나 손쉽게 마음에 드는 옷을 살 수 있다.

옛날에는 혼자서 해야만 했던 많은 일들을 지금은 여러 사람이 분담해서 처리한다. 그러니 옷을 입을 때에는 많은 사람들에게 고마운 마음을 가져야 한다.

※※ 욕심이 없는 고마움

환자에게 문병을 가 주면 그 환자의 병세는 60분의 1가량 낫는다고 한다. 그렇다고 60명이 한꺼번에 문병을 간다 한들 그 환자의 병이 단번에 완쾌되는 것은 아니다

문병의 경우 환자가 나으면 그로부터 고맙다는 말을 들을 수 있다. 그러나 죽은 사람은 아무런 인사도 없다. 따라서

122

죽은 사람의 무덤을 찾는 것은 가장 고상한 행위이다.

다시 말해 고마움의 표시를 바라지 않고 베푸는 행위야말로 아름다운 행위인 것이다.

❄❄ 분명한 결론

탈무드에는 장장 4개월이나 6개월, 때로는 7년이나 되는 오랜 세월에 걸쳐 논의를 계속했다는 얘기가 많이 나온다. 그래도 결론이 나지 않는 것들도 있다. 이러한 경우 후미에 '미결'이라고 씌어져 있다.

여기서의 교훈은, **'알 수 없을 때에는 모른다.'**라고 분명히 밝혀 미완의 과제로 남긴다는 것이다.

탈무드는 어떤 문제에 대하여 결정 과정을 기록하는데 거기에는 반드시 소수의 의견도 아울러 소개하고 있다. 소수의 의견일지라도 적어 두지 않으면 사라져 버리기 때문이다.

☀☀ 절대 강자도 약자도 없는 세상

세상에는 강자를 두렵게 하는 약자가 있다. 그것은 모기
와 거머리, 그리고 파리, 거미이다.

모기는 사자를 두렵게 하고, 거머리는 코끼리를 두렵게 하
고, 파리는 전갈을 두렵게 하고, 거미는 매를 두렵게 한다.

아무리 크고 힘센 자라도 언제나 두려운 존재는 아니다.
또한 아무리 약한 자라도 조건만 맞으면 강한 자를 이길 수
있다.

☀☀ 운명적인 사랑

솔로몬 왕에게는 아름답고 현명한 딸이 있었다.

어느 날 솔로몬이 꿈속에서 장래의 사위감을 보았다. 그
는 딸에게 어울리지 않는 악한 젊은이였다.

솔로몬은 딸을 작은 섬의 별궁에 감금시킨 뒤 사방으로
담을 높이 쌓게 하고 감시병까지 배치했다. 그런 다음 별궁
의 열쇠도 직접 챙겨 궁으로 돌아갔다.

한편 왕이 꿈속에서 보았던 악한 젊은이는 황야에서 홀로

방황하다 밤을 맞게 되었다.

　그는 추위를 견디다 못해 사자의 시체 속에 들어가 잠을 자게 되었다. 때마침 사자의 시체를 큰 새가 물고 하늘을 나르다 그만 별궁 위에 떨어뜨렸다.

　결국 사자의 시체 속에 있었던 악한 젊은이는 뜻밖에도 공주를 만나 사랑에 빠졌다.

　이처럼 사랑은 모든 것을 극복할 수 있기 때문에 아무리 먼 섬에 감금시킨다 한들 소용이 없다. 따라서 일어날 일은 필연적으로 일어나게 마련인 것이다.

✱✱ 비유태인들을 위한 7가지 계율

　탈무드 시대의 유태인들은 흔히 비유태인들과 함께 일을 하기도 하고 함께 생활하기도 했다. 따라서 유태교에서는 비유태인들을 굳이 유태화하려 하지 않았으므로 선교사를 보내거나 하는 일은 없다.

　유태인들에게는 천사가 지키라고 일러 준 613가지의 계율이 있지만, 상호간의 평화적인 관계를 유지하기 위해 비유태인들에게 꼭 지켜야 할 7가지 계율만을 주었다.

1. 살아 있는 동물을 죽여서 날로 먹지 마라.
2. 남을 욕하지 마라.
3. 도둑질을 하지 마라.
4. 법을 어기지 마라.
5. 살인하지 마라.
6. 근친상간을 하지 마라.
7. 불륜을 저지르지 마라.

✳✳ 하나님

한 로마인이 랍비를 찾아와서 이렇게 말했다.

"당신은 하나님 이야기만 하고 있는데 도대체 그 하나님이 어디에 있지요? 그것을 가르쳐 준다면 나도 하나님을 믿겠소."

물론 랍비는 이런 짓궂은 질문을 좋아하지 않았다. 랍비는 그 로마인을 밖으로 데리고 나간 뒤 이렇게 말했다.

"저 태양을 똑바로 쳐다보시오."

그러자 로마인은 태양을 한 번 쳐다보면서 말했다.

"바보 같은 소리 작작하시오. 어떻게 태양을 똑바로 볼 수 있단 말이오."

랍비는 그 말에 대꾸했다.
"하나님께서 만들어 놓으신 것들 중의 하나인 태양조차 볼 수 없는 마당에, 어찌 위대하신 하나님을 눈으로 볼 수 있단 말이오."

**사람이란 어느 누구도 두려워할 필요가 없습니다. 그런데 만일 우리가 누군가를 두려워한다면 그것은 자신을 지배할 수 있는 힘을 다른 어떤 사람에게 넘겨주었기 때문입니다.

헤르만 헤세

❃❃❃ 현명한 작별 인사

한 젊은이가 오랜 시간 사막을 여행하고 있었다. 그는 몸이 지친 것은 물론 허기가 지고 목이 말라 당장이라도 쓰러질 것만 같았다.

한참만에야 나무가 있는 곳에 이르자, 그는 굶주린 배를 과일로 채우고 시원한 물로 타는 목을 축인 후에야 비로소 긴 안도의 숨을 내쉬었다.

그것도 잠시 그는 곧 여행을 떠나야 했으므로 나무에게 고맙다는 작별 인사를 했다.

"나무야, 정말 고맙다. 나는 고맙다는 인사를 어떻게 해야 할지 모르겠구나. 네 과일이 맛있게 영글기를 빌고 싶지만 이미 충분히 영글었고, 싱그런 나무 그늘이 되도록 빌고 싶지만 이미 너무 시원하고, 네게 성장할 충분한 물이 있기를 빌고 싶지만 너에게는 이미 충분한 물도 있구나. 그러니 내가 네게 할 말은 더욱 많은 열매를 맺고, 그 열매가 많은 나무들이 되어 너처럼 아름답고 훌륭한 나무로 성장하길 빌 뿐이다."

당신이 작별하는 사람에게 무엇인가를 빌고 싶을 때, 그 사람이 더 현명해지기를 바라고 싶어도 이미 현명하고, 부자가 되기를 바라고 싶어도 이미 부유하고, 남들로부터 환영받는 선량한 사람이 되기를 바라고 싶어도 이미 선량한 사람일 때, 누구든 '당신의 아이들이 당신처럼 훌륭한 사람이 되기를 빕니다'라고 인사하는 것이 가장 현명하다.

✤✤ 6일째 되는 날의 완성

성서에 의하면 이 세상은 하루, 이틀, 사흘, 나흘…… 차례로 만들어졌는데 사람은 마지막 6일째 되는 날에 완성되었다.

당신은 그 이유를 어떻게 해석하고 있는가?

탈무드에 의하면 보잘것없는 파리라 해도 사람보다 먼저 만들어졌다. 따라서 사람이란 결코 그것들 앞에서 오만할 수가 없다. 즉, 자연에 대한 겸허함을 가르치기 위함이다.

✳ 안식일이란 양념

어느 토요일인 안식일 오후, 로마의 황제가 친한 랍비의 집을 방문했다.

아무런 예고도 없이 불쑥 찾아간 황제는 그곳에서 매우 즐거운 시간을 보냈다.

음식은 아주 맛이 있었다. 사람들은 식탁에 둘러앉아 노래와 탈무드를 이야기했고, 황제는 몹시 기쁘다는 듯이 다음 주 수요일에 또 오겠다고 말을 했다.

수요일이 되어 황제가 오자 사람들은 미리 준비한 대로 제일 좋은 그릇에 음식을 차려 놓았다.

전번에는 안식일이라 쉬었던 하인들도 줄을 지어 음식을 날랐다. 요리사가 없어서 식은 음식만을 내놓았던 것과는 사뭇 다르게 이번에는 따끈따끈한 음식이 많이 나왔다. 그런데도 황제는 이렇게 물었다.

"토요일 음식이 훨씬 더 맛이 있었던 것 같은데, 지난번 먹은 음식에는 어떤 양념을 넣었소?"

랍비는 대답했다.

"로마의 황제라도 그날의 양념은 구하지 못할 겁니다."

황제는 거드름을 피우면서 말했다.
"무슨 말을 그렇게 하는 것이오. 로마의 황제인 내가 구할 수 없단 말이오?"

그러자 랍비가 말했다.
"폐하, 폐하께서는 아무리 로마의 황제이시지만 노력해도 구할 수가 없을 것입니다. 왜냐하면 그것은 바로 안식일이라는 이름의 양념이기 때문입니다."

❋❋ 현명한 상인과 욕심쟁이 노인

어느 상인이 며칠 후에 바겐세일이 있다는 것을 알고 그때를 기다려 도시로 물건을 사러 갔다.

그는 많은 현금을 가지고 있었기 때문에 그것을 가지고 다니기가 몹시 불안했다. 그래서 인적이 드문 곳을 찾아 그곳에 돈을 몽땅 묻었다.

다음날 그곳에 가 보았더니 돈이 없어졌다. 이런저런 생각을 해보아도 묻은 돈을 본 사람이 없었으므로 그 까닭을 알 수가 없었다.

그러던 중 조금 떨어진 곳에 집이 한 채 있었다는 것과 그 집의 벽에 구멍이 뚫린 사실을 알게 되었다. 그는 그 집에 살고 있는 사람이 그 돈을 꺼내 갔을 거라고 생각했다.

상인은 그 집주인에게 이렇게 말했다.

"당신은 이 도시에 살고 계시니까 현명하겠군요. 모쪼록 제게 지혜를 빌려 주십시오.

저는 물건을 사려고 이 도시에 왔는데 지갑 두 개를 가지고 왔습니다. 하나에는 은화 5백 개가 들어 있고, 다른 하나에는 은화 8백 개가 들어 있습니다.

저는 5백 개가 든 지갑을 남몰래 어느 곳에 묻어 두었습니다. 그런데 나머지 8백 개가 든 지갑도 그곳에 묻는 편이 나을까요, 아니면 믿을 만한 사람에게 맡겨 두는 편이 나을까요?"

그러자 집주인은 이렇게 말했다.

"만일 내가 당신이라면 나는 아무도 믿지 않겠소. 그러니 돈이 적게 든 지갑을 묻어 둔 곳에 같이 묻어 두겠소."

상인이 돌아가자 욕심쟁이 집주인은 자기가 꺼내 온 지갑을 그곳에 도로 묻어 놓았다. 이것을 지켜본 후에 상인은 자기의 지갑을 무사히 찾았다.

❋❋ 솔로몬의 판결

지금으로부터 약 3천 년 전에 살았던 이스라엘 3대 임금 솔로몬은 그 지혜가 뛰어나기로 유명했다.

어느 날인가 안식일에 세 유태인이 예루살렘으로 갔다. 그 당시에는 은행이 없었으므로 돈을 가지고 있던 세 사람은 그 돈을 어느 한적한 곳에다 묻었다. 그런데 그들 중 한 사람이 몽땅 그 돈을 꺼내 갔다.

이런 일이 발생한 다음날, 세 사람은 현자인 솔로몬 왕을 찾아가서 누가 그 돈을 가지고 갔는지 판결해 달라고 했다.

그러자 솔로몬 왕은 이렇게 말했다.

"자네들 세 사람은 매우 현명하니 우선 내 어려운 문제를 해결해 주게. 그러면 내가 자네들의 문제를 해결해 주지."

솔로몬 왕은 이야기를 시작했다.

"한 처녀가 어떤 총각과 약혼을 했다네. 얼마 후 그 처녀가 다

른 총각과 사랑에 빠졌기 때문에 약혼한 총각을 찾아가서 헤어
지자고 제의를 했다네. 그리고 그 처녀는 약혼한 총각에게 위자
료를 주겠다고 말했다네. 그러자 총각은 위자료 같은 것은 필요
없다고 말하면서 그녀가 요구한 파혼에 순순히 응해 주었다네.
그런데 어느 노인이 그 처녀가 돈이 많다는 사실을 알고는 그 처
녀를 납치하게 되었다네."

처녀는 노인에게 이렇게 말했지.
"제가 약혼했던 총각에게 헤어질 것을 제의했을 때, 그는 위자
료도 받지 않은 채 나를 순순히 풀어 주었으니 당신도 그러기를
바랍니다."

그랬더니 노인은 그녀의 말대로 몸값을 받지 않고 처녀를
풀어 주었다네.

솔로몬 왕은 세 사람에게 물었다.
"그렇다면 이들 중에서 누가 제일 칭찬을 받겠는가?"

첫 번째 사람이 말했다.
"그야 파혼에 응한 총각일 것입니다. 왜냐하면 그는 처녀의 의

사를 존중했으며 위자료도 받지 않았기 때문입니다."

두 번째 사람이 말했다.

"아닙니다. 그 처녀야말로 칭찬받아야 합니다. 그녀는 용기를
가지고 약혼자에게 파혼을 요청했고, 자기가 더 사랑하는 사람
을 만났습니다. 이것이야말로 칭찬을 받아 마땅합니다."

세 번째 사람이 말했다.

"저는 이 이야기가 뭐가 뭔지 도대체 모르겠습니다. 우선 처녀
를 납치한 노인만 해도 그렇습니다. 그는 돈 때문에 그 처녀를 납
치한 것인데 몸값을 한 푼도 받지 않고서 풀어 주었다니 도무지
말이 안 됩니다."

솔로몬 왕은 호통쳤다.

"네 이놈! 네가 정작 돈을 훔친 도둑이로구나. 다른 두 사람은
처녀와 약혼자간에 있어서 그 벌어진 일들을 진지하게 생각하고
있었다. 그런데 네 놈은 오직 돈에 관한 생각만 했을 뿐이다. 바
로 네 놈이야말로 진범임에 틀림이 없구나."

❋❋ 중용

군대가 행군을 하고 있었다. 오른편에는 눈이 내리고 얼음이 얼었다. 그리고 왼편에는 불이 타고 있었다.

이 군대가 만일 오른편으로 가면 얼어 죽고 왼편으로 가면 불에 타 죽는다. 그럴 때 중앙으로 가면 시원함과 따스함이 잘 조화되어 있어 행군을 하기에 안성맞춤이다.

❋❋ 위대한 탈무드

나치스(Nazis: '국가 사회주의 독일 노동자당'의 속칭. 히틀러가 당수인 독일의 파시즘 정당.)의 수용소에서 6백만이나 되는 유태인들이 학살당한 뒤 일부 유태인들이 구출되었다. 살아남은 유태인들은 미국의 투루먼 대통령에게 감사의 뜻으로 탈무드를 기증했다. 이때 기증한 탈무드는 2차 대전 후 독일에서 인쇄된 것이다.

그토록 끝없이 유태인을 멸족시키기 위해 온갖 만행을 저질렀던 독일에서도 탈무드가 인쇄되고 발행되었다는 사실은 그만큼 탈무드가 위대하다는 증거이다.

❋❋ 도덕적인 상행위

  유태인의 역사는 대단히 유구하다. 성서 시대에는 농경
생활이 대부분이었으므로 교역은 활발하지 못했고, 상인이
라는 말은 곧 유태인이 아니라는 말로 쓰였다. 따라서 자기
고장에서는 거의 물건을 사고 파는 일이 없었다. 단지 '유태
인이 장사에 종사할 때에는 계량을 정확하게 하고 물건을 속이
지 말라'는 정도의 단순한 도덕률이 있을 뿐이다.

  탈무드 시대로 접어들면서 교역과 사업이 제법 활발해지
자 유태인들은 비즈니스에 많은 관심을 가지게 되었다.

  탈무드를 쓴 사람들은 세계가 점점 진보해 간다는 입장을
취하고 있다.

  그들은 비즈니스가 세계적으로 크게 활발해질 것을 전망
했기 때문에 비즈니스와 관련된 도덕률에 많은 지면을 할
애하고 있다.

  탈무드는 도덕적인 사업가가 될 수 있느냐를 고려한 것이
지 수완이 있는 사업가가 될 수 있느냐를 말한 것은 결코
아니다.

  탈무드가 자유방임주의(국가가 국민의 경제 활동에 간섭하
지 않고, 각자의 자유 경쟁에 맡겨야 한다는 경제적 자유주의.)

적인 비즈니스를 반대하고 있다는 사실만으로도 충분히 알 수 있다.

가령 구매자의 권리로써 물건을 사는 사람에게는 아무런 보증이 없더라도 자기가 산 물건에 대하여 품질 보증을 요구할 수 있다. 다시 말해서 물건을 산다는 것은 곧 결함이 없는 물건을 산다는 뜻이다.

파는 사람이 그 상품의 결함을 설명하지도 않고 무조건 반품이 안 된다는 조건을 붙여 팔았다면, 당연히 구매자는 돈을 되돌려 받을 권리가 있다.

단 예외는 있다. 그것은 구매자가 그 물건에 결함이 있다는 사실을 인정하고 산 경우이다.

예컨대 자동차를 팔았을 경우 사전에 이 차에는 엔진이 없다고 알린 후 팔았다면 산 사람은 이유 불문하고 무를 수 없다.

탈무드에는 물건을 사거나 팔 때에 반드시 사는 사람에게 그 결함을 구체적으로 설명해 주어야 한다고 기록되어 있다.

물건을 사고 판다는 것은 두 가지 요건이 성립되어야 한다. 그 첫 번째로 물건의 값을 치르는 것이고, 두 번째는 물건을 건네 주어야 한다는 것이다. 산 사람한테 안전하게 넘겨야 할 의무가 있다.

어디까지나 탈무드는 물건을 판 사람보다 산 사람의 권리를 보호하는 편에 속한다.

물건을 파는 사람은 그 물건의 소유권이 자기에게 있어야 한다. 이것은 행여 남의 물건을 파는 일이 있어서는 안 된다는 뜻이다.

✻✻ 정당한 매매 행위

탈무드 시대부터 유태인 사회는 이미 계량을 감독하는 관리가 있었다. 토지를 측량하는 끈 하나만 해도 기온 차에 따른 신축성을 고려하여 여름과 겨울에는 각각 다른 것을 사용케 했다. 또한 액체를 매매할 경우에도 그릇의 밑바닥에 잔여물이 남아 있지 않도록 밑바닥을 엄격히 관리 감독했다.

물건을 샀을 경우 산 사람에게는 물건의 속성을 따질 수 있게 하루 내지 1주일의 시간을 준다. 그동안 그들의 의견을 들어 볼 권리가 보장되어 있었다.

그것은 물건을 사는 사람이 그 물건에 대하여 잘 모르고 샀거나, 가치를 곧바로 판단할 수 없기 때문에 사는 사람을 위한 보호 차원이다.

유태인의 사회는 같은 물건일지라도 일정한 가격이 형성되지 않았다.

오늘날에는 어느 회사의 물건이 얼마라고 대부분 정해져 있지만 옛날에는 그야말로 파는 사람이 멋대로 가격을 정했다.

이때 상식적인 가격보다 6분의 1 이상 비싼 값으로 매매되었을 경우 무효라는 것이 탈무드의 통례이다.

뿐만 아니라 파는 사람이 물건의 계량을 잘못했을 경우 산 사람은 재계량을 요구할 권리가 인정된다.

파는 사람을 보호하는 차원에서 볼 때 살 생각도 없는 사람이 상품을 흥정해서는 안 된다.

또한 다른 사람이 먼저 살 의사를 밝힌 물건은 먼저 살 사람보다 한발 앞서 잽싸게 가로채지 말아야 한다는 규정이 있다.

❊❊ 땅을 사려는 2명의 랍비

2명의 랍비가 같은 땅을 사려고 한다. 한 랍비가 먼저 와서 그 땅의 값을 흥정했다. 그런데 다른 랍비가 와서 그 땅을 사 버렸다.

지나가던 나그네가 땅을 산 랍비에게 말했다.
"어떤 사람이 과자를 사려고 제과점에 갔더니, 이미 다른 사람이 먼저 와서 과자를 고르고 있었습니다. 이때 나중에 온 사람이 그 과자를 사 버렸다면 그 사람을 어떻게 생각하십니까?"

그러자 먼저 와서 땅을 흥정하던 랍비가 말했다.
"그건 말도 안 되는 소립니다. 나중에 와서 과자를 산 사람은 틀림없이 나쁜 사람입니다."

지나가던 나그네가 이 말을 듣고는 나중에 온 랍비를 나무랐다.
"당신이 그 땅을 샀지만, 당신은 나중에 온 사람입니다. 예컨대 어떤 사람이 당신보다 먼저 와서 그 땅의 값을 흥정해 놓았습니다. 그런데 그것을 당신이 샀다면 잘한 일입니까?"

그 다음은 해결 방법이 문제가 되었다.

첫 번째 해결 방법으로 제시된 것은, 나중에 온 랍비가 그 땅을 먼저 온 랍비에게 파는 것이다. 그러나 나중에 온 랍비가 그 땅을 사자마자 판다는 것은 기분 상하는 일이기 때문에 싫다고 말했다.

두 번째 해결 방법으로 제시된 것은, 그 땅을 먼저 온 랍비에게 싸게 주는 것이다. 그러나 이번에는 먼저 온 랍비가 값을 싸게 치르고 땅을 받는 것은 싫다고 말했다.

그래서 결국은 땅을 산 랍비가 그 땅을 학교에 기부하는 것으로써 마무리되었다.

탈무드는
보물 창고

탈무드는 끝없는 보물 창고이다. 거기에는 오랜 세월 구전에 의한 유태의 지혜가 응집되어 있다. 그중에서도 극히 일부만을 소개한 것인데, 이것은 당신의 생각을 깊게 할 뿐만 아니라 고매한 인격을 갖추게 할 자양분이 될 것이다.

❈❈ 사람에 대하여

* 사람의 젖은 심장 가까이에 달려 있는데 동물들은 심장으로부터 멀리 떨어진 곳에 젖이 달려 있다. 이것은 하나님의 배려 때문이다.
....
* 반성할 줄 아는 사람이 서 있는 땅은 가장 위대한 랍비가 서 있는 땅보다 더 위대하고 훌륭하다.
....
* 세상은 진실과 율법과 평화라는 토대 위에 서 있다.
....
* 사람에게 쉬는 날이 주어진 것이지, 결코 쉬는 날이 사람에게 주어진 것은 아니다.
....
* 민중의 소리는 곧 하나님의 소리다.
....
* 하나님이 이렇게 말하셨다.

"나에게는 4명의 아이가 있고, 너희도 4명의 아이가 있다. 너희의 아이는 바로 아들과 딸 그리고 집안일을 돕는 남녀요, 나의 아이는 과부와 고아 그리고 나그네와 수도자이다. 내가 너희 아이를 보살펴 주듯이 너희도 내 아이를 보살펴 주어라."
....
* 사람들은 상대방의 작은 부스럼에도 민감하지만 정작 자

기 자신의 중병은 알지 못한다.

....

* 거짓말쟁이가 받는 가장 큰 벌은 그가 진실을 말할 때에도 상대는 그것을 믿어 주지 않는다는 것이다.

....

* 사람은 20년 동안 배운 것을 단 2년 만에 잊어버릴 수 있다.

....

* 사람에게는 세 가지 이름이 있다. 그것은 태어났을 때 부모가 지어 준 이름과, 친구들이 지어 준 별명과, 살아 있는 동안에 얻는 명성이 그것이다.

❊❊ 인생길

* 사람은 환경에 따라 명예가 높아지는 것이 아니라 환경을 극복하는 자신이 명예를 높이는 것이다.

....

* 사람은 오직 한 조상뿐이다. 그러므로 사람과 사람 사이에서 누가 우위에 있다고 말할 수는 없다.

설령 당신이 사람을 죽였다고 치자, 그것은 곧 온 인류를 죽인 것과 같다. 다시 말해 당신이 한 사람의 생명을 구했다고 치자, 그것은 곧 온 인류를 살린 것과 같다.

인류는 한 사람에 의해서 시작되었다. 만일 그 최초의 사람을 죽였을 때, 오늘날 인류는 존재하지 못하는 것과 같은 이치이다.

....

* 현명한 사람과 요령 있는 사람과의 차이란? 현명한 사람이 절대로 빠져나갈 수 없는 어려운 상황을 잘 빠져나갈 수 있는 사람이 요령 있는 사람이다.

....

* 어떤 사람은 젊었어도 늙고, 어떤 사람은 늙었어도 젊다.

....

* 자신의 결점에만 집착하는 사람에겐 남의 결점이 보이지 않는다.

146

* 음식을 장난스럽게 다루는 사람은 배고픈 사람이 아니다.

....

* 염치가 없는 것과 자부심은 형제간이다.

....

* 하루를 공부하지 않는다면 그것을 만회하는데 이틀이 걸리고, 이틀을 공부하지 않는다면 그것을 만회하는데 나흘이 걸리고, 1년을 공부하지 않는다면 그것을 만회하는데 2년이 걸린다.

....

* 근본이 나쁜 사람은 이웃의 수입에는 신경을 써도 자신의 낭비에는 무관심하다.

....

* 눈이 안 보이는 것보다 더 무서운 것은 마음이 안 보이는 것이다.

....

* 이 세상에서 가장 현명한 사람은 만나는 모든 사람을 통하여 무엇인가를 배울 수 있는 사람이다.

....

* 강한 사람이란? 자기 스스로를 억제할 수 있는 사람이다.

....

* 강한 사람이란? 적을 친구로 만들 수 있는 사람이다.

....

* 풍족한 사람이란? 자신이 가지고 있는 것만으로도 만족

할 줄 아는 사람이다.

· ·

* 상대를 칭찬할 수 있는 사람이야말로 진정 칭찬받아야
할 사람이다.

· ·

* 진실은 무거운 법이다. 그래서 젊은이만이 그것을 지고
갈 수 있다.

❊❊ 사람에 대한 평가와 유형

* **사람을 평가하기 위한 유태인들의 3가지 기준**
- 돈을 넣는 지갑 (키소)
- 술을 마시는 잔 (코소)
- 화내는 일 (카소)

도움말: 유태인들은 돈을 어떻게 쓰느냐, 술을 얼마나 깨끗이 마시
느냐, 인내력이 얼마나 강하냐에 따라 사람을 평가한다.

* **사람의 4가지 유형**

  일반적인 사람

  • 내 것은 내 것이고 네 것은 네 것이라는 사람

  변태적인 사람

  • 내 것은 네 것이고 네 것은 내 것이라는 사람

  정의감이 강한 사람

  • 내 것은 네 것이고 네 것도 네 것이라는 사람

  나쁜 사람

  • 내 것은 내 것이고 네 것도 내 것이라는 사람

....

* **현자 앞에 선 사람의 3가지 유형**

  스폰지형

  • 무조건 무엇이나 받아들이는 사람

  터널형

  • 한 귀로 듣고 한 귀로 흘리는 사람

  그물형

  • 중요한 것과 그렇지 않은 것을 가려서 듣는 사람

....

* **현자가 되는 7가지 조건**

  • 자신보다 현명한 사람 앞에서는 침묵한다.

  • 상대방의 이야기를 중간에 끊지 않는다.

- 대답을 할 때에는 서두르지 않는다.
- 항상 핵심을 찌르는 질문과 체계적인 대답을 한다.
- 순서를 정해서 손을 대고 나중에 해도 될 일은 마지막에 한다.
- 자신이 모를 때에는 그것을 솔직히 인정한다.
- 진실에 대한 것은 확실이 인정한다.

❋❋ 친구

* 배우자를 구할 때에는 한 단계 내리고, 친구를 선택할 때에는 한 단계 올려라.
....
* 친구가 화났을 때에는 달래려 하지 말고, 슬퍼할 때에는 위로하지 말라.

❋❋ 우정

* 만일 친구에게 야채가 있다면 그에게 고기를 보내라.
....

* 설령 당신에게 친구가 꿀처럼 달다고 해도 그것을 전부 빨아먹어서는 안 된다.

❋❋ 여자

* 어떤 남자라 할지라도 여자의 뛰어난 미모에는 저항하지 못한다.
....
* 여자는 자기 외모를 가장 소중히 여긴다.
....
* 여자는 남자보다 정이 많다.
....
* 불순한 동기에서 시작된 애정은 그 동기가 사라지는 순간 식어 버린다.
....
* 열애에 빠진 사람은 남의 충고를 귀담아듣지 않는다.
....
* 여자가 술을 한 잔 마시는 것은 매우 바람직한 일이다. 그러나 두 잔을 마실 때에는 품위를 잃고, 석 잔을 마실 때에는 부도덕해지고, 넉 잔을 마시면 스스로 망가진다.
....
* 사람은 정열적으로 결혼하지만 정열은 그리 오래가지 못

한다.

....

* 태초에 하나님이 만든 피조물은 두 가지 성이 한 몸에 있
었다.

따라서 남성의 몸에도 여성 호르몬이 있고, 여성의 몸에
도 남성 호르몬이 있는 것이다.

....

* 남자가 여자에게 끌리는 것은 하나님이 남자의 갈비뼈를
빼어 여자를 만들었기 때문이다.

이것은 본능적으로 자기가 잃은 갈비뼈를 찾는 것과 같
다.

....

* 하나님이 최초의 여자를 남자의 머리로 만들지 않은 것
은 여자가 남자를 지배하지 말라는 것이고, 또 남자의 발로
만들지 않은 것은 남자의 노예가 되어서는 안 된다는 것이
다.

그렇다면 갈비뼈로 왜 여자를 만들었을까? 그것은 항상
남자의 마음 가까이에 있게 하기 위해서이다.

❋❋ 술

* 술이 머리로 들어가면 비밀이 밖으로 새어 나온다.

* 술을 권하는 사람의 행동이 공손하면 어떤 술이라도 좋은 술이 된다.

* 악마가 너무 바빠서 사람을 방문할 수 없을 때에는 대리인 자격으로 술을 보낸다.

* 포도주는 오래 묵을수록 맛이 좋아진다. 지혜도 이와 마찬가지로 해가 거듭될수록 깊어 진다.

* 아침에 늦잠 자고 대낮에 술 마시고 저녁에 헤픈 말을 하면, 헛되이 인생을 잃는다.

* 포도주는 금으로 만든 그릇이나 은으로 만든 그릇에서는 잘 숙성되지 않는다. 지혜로 만들어진 항아리 속에서만 잘 숙성된다.

❈ 가정

* 부부가 진실로 사랑한다면 칼날 같이 폭이 좁은 침대라도 함께 잘 수 있지만, 서로 싫어지면 침대의 폭이 아무리 넓어도 비좁다.
....
* 세상에서 가장 행복한 사람은 착하고 어진 아내를 얻는 것이다.
....
* 아내를 이유없이 괴롭히지 마라. 하나님은 그녀의 눈물방울을 하나하나 세고 계신다.
....
* 모든 병 가운데 마음의 병보다 더 괴로운 것은 없으며, 모든 악 가운데 악처보다 더 나쁜 것은 없다.
....
* 세상에서 무엇과도 바꿀 수 없는 것은, 젊은 시절에 결혼하여 지금껏 살아온 늙은 아내이다.
....
* 남자의 집은 아내이다.
....
* 아내를 선택할 때에는 신중히 하라.
....
* 여자는 사귀고 결혼하라.

* 자녀를 키울 때에는 차별하지 마라.
....

* 어린 자녀는 엄하게 가르쳐야 하지만 성장한 자녀는 꾸짖지 마라.
....

* 자녀는 엄하게 가르쳐야 하지만 두렵게 만들어서는 안 된다.
....

* 자녀를 혼낼 때에는 한 번만 따끔하게 혼내되, 오랜 시간 혼내면 안 된다.
....

* 자녀는 부모가 말하는 대로 흉내낸다. 자녀의 성격은 부모의 말투로 알 수 있다.
....

* 어떤 일이든 자녀와 약속을 하면 반드시 지켜라. 당신이 약속을 지키지 않는다는 것은 자녀에게 거짓말을 가르치는 것과 같다.
....

* 가정에서 부도덕한 행위는 마치 과일에 벌레가 생겨 어느새 과일 전체에 퍼지는 것과 같다.
....

* 자녀는 부모를 공경해야 한다.

* 자녀는 아버지의 자리에 앉아서는 안 된다.

....

* 자녀는 아버지에게 말대꾸를 해서는 안 된다.

....

* 자녀는 아버지가 다른 사람과 다투고 있을 때, 다른 사람의 편을 들어서는 안 된다.

....

* 자녀가 아버지를 존경하고 따르는 것은 아버지가 자식들을 위하여 먹을 것과 입을 것을 사오기 때문이다.

✻✻✻ 부모가 자녀에게

요즘 부모들은 자기가 하지 못한 것들을 자녀로부터 얻으려는 경향이 병적일 만큼 강하다. 이를테면 자녀에게 차를 사 준다거나, 용돈을 지나치게 많이 준다거나, 또는 능력 이상의 좋은 학교에 보내려고 한다.

지금껏 자기가 원하는 대로 되지 않았다 하더라도 부모가 가지고 있는 애정 · 근면성 · 겸허함 · 겸양 정신 같은 것을 자녀가 받아들이는 것만으로도 사실은 충분한 교육이 된다.

탈무드는 말한다. 5세 자녀는 당신의 주인이고, 10세 자녀는 노예이고, 15세 자녀는 당신과 동등하게 된다. 그 다음은 교육 방법에 따라 벗도 되고 적도 된다고 가르친다.

❈ 돈의 가치

* 사람의 마음에 상처를 주는 것이 있다. 그것은 고민과 불화 그리고 돈지갑인데, 그중에서도 빈 돈지갑이 가장 큰 상처를 준다.
....
* 육체의 모든 부분은 마음에 의존하고, 마음은 돈지갑에 의존한다.
....
* 돈은 물건을 사거나 장사를 하는 데 써야지, 술을 마시는 데 써서는 안 된다.
....
* 돈은 악한 것도 아니고 저주스러운 것도 아니다. 돈은 사람에게 행복을 주는 것이다.
....
* 돈은 하나님이 보낸 물건을 사도록 기회를 준다.

* 돈을 빌려 준 사람에게 화를 내는 사람은 없다.

. . . .

* 부는 구축된 진지이고 빈곤은 폐허이다.

. . . .

* 돈이나 물건은 거저 주는 것보다 빌려 주는 편이 낫다. 거
저 받은 사람은 거저 준 사람 밑에 있어야 되지만, 빌려 주
면 대등한 입장이 되기 때문이다.

. . . .

* 돈은 사람에게 있어 옷과 같을 뿐이다.

✳✳ 성관계

야다라는 말은 히브리어로 섹스라는 말이다. 동시에 야다
는 상대방을 안다라는 뜻이다.

예컨대 성서에는 아담이 이브를 알고서 아이를 낳았다고
되어 있는데 여기서 알고서라는 말은 성관계를 가졌다는
뜻도 된다. 사랑한다는 것은 아는 것이다. 즉 남녀간의 사
랑이란 함께 잔다고 생각을 해도 무방하다.

* 성관계는 창조적 행위이다. 이것 없이는 자기완성을 했
다고 볼 수 없다.

* 성관계는 살아 있는 동안 단 한 사람만을 상대로 해야 한다.

....

* 성관계는 자연의 일부이다. 그러므로 성관계는 원칙적으로 부자연스러울 것이 없다.

....

* 성관계는 지극히 한 사람에게만 한정이 되며, 매우 다정한 분위기 속에서 이루어져야 한다. 자신을 억제할 수 없는 입장에서의 성관계는 안 된다.

....

* 아내의 동의가 없는 성관계는 안 된다. 아내가 원치 않을 때 남편이 요구하는 것은 금물이다.

✽✽ 교육의 의미

* 향수가게에 들렀다 나오면 향수를 사지 않았어도 향수 냄새가 난다.

....

* 가죽가게에 들렀다 나오면 가죽을 사지 않았어도 구린 냄새가 밴다.

* 칼로 일어선 사람은 글로 일어서지 못하고, 글로 일어선 사람은 칼로 일어서지 못한다.
....
* 자기 자신을 아는 것이 가장 큰 지혜이다.
....
* 의사의 조언을 들었다고 해서 의사에게 돈을 지불할 필요는 없다.
....
* 값비싼 진주를 잃었을 때, 그것을 찾는 데는 값싼 양초가 사용된다.
....
* 가난한 사람의 자녀를 찬양하라. 그들은 인류에게 지혜를 줄 것이다.
....
* 기억력을 향상시키는 데에 있어 가장 좋은 약은 감탄하는 일이다.
....
* 학교가 없는 마을은 사람 살 곳이 못된다.
....
* 고양이로부터는 겸허함을 배우고, 개미로부터는 정직함을 배우고, 비둘기로부터는 곧은 절개를 배우고, 수탉으로부터는 재산의 권리를 배운다.

* 이름을 팔면 곧 잊혀지고, 지식이 깊지 못하면 쉽게 잊어버린다.

....

* 어린이를 가르친다는 것은 백지에 무엇인가를 쓰는 것과 같고, 노인을 가르친다는 것은 가득 씌어진 종이의 여백에 무엇인가를 써넣으려는 것과 같다.

✳✳ 악과 죄

* 악에 대한 충동은 구리와 같은 것으로, 불 속에 있을 때에는 어떤 모양이든 만들어 낸다.

....

* 만일 사람에게 악에 대한 충동이 없다면, 집도 짓지 않고, 아내도 얻지 않고, 아이도 낳지 않고, 일도 하지 않을 것이다.

....

* 남들보다 뛰어난 사람은 악에 대한 충동도 그만큼 강하다.

....

* 이 세상에는 올바른 일만을 하는 사람은 없다. 반드시 악한 일도 한다.

* 악에 대한 충동이 처음은 아주 달콤하나 끝은 매우 쓰다.

....

* 사람 속에 잠재하고 있는 악의 충동은 13세 이후로 점점 선의 충동보다 강해진다.

....

* 사람의 죄는 뱃속에서부터 싹트기 시작하여 성장과 함께 점점 강해진다.

....

* 죄는 미워하되 사람은 미워하지 마라.

....

* 죄라는 것이 처음에는 여자처럼 약하지만 그대로 두면 남자처럼 강해진다.

....

* 죄라는 것이 처음에는 거미줄처럼 가늘고 약하나 마지막 엔 배를 잡아 두는 밧줄처럼 강해진다.

....

* 죄라는 것이 처음에는 나그네처럼 겸손하나 그대로 두면 주인을 내쫓고 주인이 된다.

✳✳ 중상 모략

* 상대를 험담하는 것은 살인보다 더 위험하다. 살인은 한 사람밖에 죽일 수가 없지만, 험담은 반드시 세 사람을 죽이기 때문이다. 즉 험담을 하는 자신과 그 험담을 알고도 모르는 체하는 사람과 그 험담의 피해자이다.

....

* 상대를 중상모략하는 사람은 흉기로 사람을 해치는 것보다 죄질이 더 무겁다. 흉기는 가까이 다가서지 않으면 상대를 해치지 못한다. 그러나 중상모략은 먼 곳에 있어도 상대를 해치기 때문이다.

....

* 타는 장작에 물을 뿌리면 불이 꺼져 속까지 식지만, 중상모략에 의해 성난 사람은 아무리 사과를 하더라도 그 마음속의 불은 꺼지지 않는다.

....

* 제 아무리 마음이 선한 사람이라도 입이 악한 사람은 마치 훌륭한 궁궐 옆에서 악취를 풍기는 피혁공장과 같다.

....

* 사람의 입은 하나이고 귀는 둘인데, 이것은 말보다 듣기를 두 배나 더 하라는 뜻이다.

* 손가락을 자유롭게 움직일 수 있는 것은 상대방의 험담을 듣지 말라는 것이다. 이처럼 험담을 들을 때에는 손가락으로 급히 귀를 막아라.

* 물고기는 언제나 입으로 낚인다. 이와 마찬가지로 사람도 입에 의해 걸려든다.

** 판사의 행실

* 판사는 항상 겸허함과 선행을 쌓고 매사에 정확한 판결을 내려야 한다. 또한 과거의 경력이 깨끗한 사람이라야 그 자격이 있다.

* 판사는 극형을 언도하기 전에 자신의 목에 칼이 꽂히는 듯한 심정을 가져야 한다.

* 판사는 반드시 진실과 평화를 구현해야 한다. 만일 진실과 평화 중, 진실만을 택한다면 평화는 깨어진다. 그러므로 진실도 잃지 않고 평화도 지킬 수 있는 방법을 찾아야 하는데 이것은 곧 중재이다.

✽ 이해관계

* 고양이와 쥐는 먹이를 함께 먹고 있을 동안만은 싸우지 않는다.
....
* 여우의 머리가 되느니 사자의 꼬리가 되라.
....
* 한 마리의 개가 짖기 시작하면 다른 개들도 따라 짖는 법이다.
....
* 같은 종류의 동물은 같은 동물들끼리 무리를 지어 산다. 동물이라도 늑대와 양은 결코 함께 살지는 않는다. 하이에나(Hyena)와 개도 마찬가지며 부자와 가난한 사람도 이와 같다.

✳✳ 처신

* 좋은 항아리를 갖고 있거든 오늘 안으로 사용하라. 내일이면 깨질지도 모른다.

....

* 올바른 사람은 자신의 욕망을 지배하지만, 옳지 못한 사람은 자신의 욕망에 지배당한다.

....

* 남의 동정으로 사느니 가난하게 사는 편이 낫다.

....

* 남의 앞에서 부끄러워할 줄 아는 사람과 자기 자신에게 부끄러워할 줄 아는 사람과의 의미는 전혀 다른 것이다.

....

* 세상을 살면서 정도를 지나치면 안 되는 것이 8가지가 있다. 그것은 여행 · 이성 친구 · 돈 · 일 · 술 · 잠 · 약 · 향신료 등이다.

....

* 세상을 살면서 너무 많이 사용하면 해가 되는 3가지가 있다. 그것은 빵에 넣는 이스트와 소금인데, 망설임도 이와 마찬가지다.

....

* 한 개의 동전이 들어 있는 항아리는 소리가 요란하다. 그러나 동전이 가득 찬 항아리는 소리가 나지 않는다.

* 전당포는 과부나 어린아이가 들고 온 물건을 잡아서는 안 된다.

....

* 명성을 쫓는 사람은 명성을 얻지 못하지만, 명성을 멀리 하는 사람은 명성을 얻는다.

....

* 도둑도 도둑질을 하지 않을 때에는 자기 자신을 도둑이 라고 생각하지 않는다.

....

* 결혼의 목적은 기쁨이고, 조문의 목적은 침묵이다. 강의 의 목적은 듣는 것이고, 방문의 목적은 예정된 시간에 도착 하는 것이다. 가르침의 목적은 집중이고, 단식의 목적은 그 돈으로 자선을 하는 것이다.

....

* 사람의 몸에는 6개의 유용한 부분이 있다. 그중에서 3가 지는 자기 마음대로 할 수 없지만 나머지 3가지는 마음대 로 할 수 있다. 마음대로 할 수 없는 부분은 눈과 귀와 코이 고, 마음대로 할 수 있는 부분은 입과 손과 발이다.

....

* 당신은 당신의 혀에게 **'나는 모른다.'**라는 말을 열심히 가 르쳐라.

....

* 장미꽃은 가시 사이에서 핀다.

* 무료로 처방을 해 주는 의사의 조언은 들을 필요가 없다.

* 항아리를 볼 때는 겉만 보지 말고 그 속을 봐라.

* 나무는 열매로 평가되고 사람은 업적으로 평가된다.

* 갓 열린 오이를 보고 이것이 앞으로 맛이 있을 것이란 속단은 금물이다.

* 행동은 말보다도 요란하다.

* 남이 나를 칭찬해 주면 좋다. 그렇다고 내 입으로 나를 칭찬하지는 마라.

* 상사가 아랫사람의 말을 들어주고, 노인이 젊은이의 말에 귀를 기울일 때 세상은 축복을 받는다.

* 사람을 빨리 늙게 하는 데에는 4가지 원인이 있다. 그것은 공포 · 분노 · 자녀 · 악처 등이다.

* 사람의 마음을 차분하게 하는 데에는 3가지 요소가 있다. 그것은 명곡 · 조용한 경치 · 좋은 향기 등이다.

* 사람에게 자신감을 갖게 하는 데에는 3가지 요소가 있

다. 그것은 좋은 가정 · 좋은 아내 · 좋은 옷 등이다.

....

* 자선을 베풀지 않는 사람은 아무리 큰 부자일지라도 맛있는 음식이 준비된 식탁 위에 소금이 빠진 것과 같다.

....

* 하나의 촛불이 다른 양초에 많은 불을 붙였다고 해서 그 양초의 불빛이 결코 약해지는 것은 아니다.

....

* 이 세상에서 있으나마나한 사람은 식사할 내 집이 없고, 늘 아내 밑에서 살거나 온몸이 늘 아파서 괴로워하는 사람이다.

....

* 일생에 단 한 번, 오리고기와 닭고기를 배불리 먹기 위해 허구한 날을 굶기보다는 평생 양파만 먹고 사는 편이 낫다.

....

* 달콤한 과일에는 벌레가 많이 꼬이 듯이, 재물이 많으면 근심도 많고 여자가 많으면 시끄럽다.

....

* 스승보다 학문이 깊으면 인생이 풍부해지고, 명상을 많이 하면 지혜도 그만큼 깊어진다.

....

* 사람들을 만나서 유익한 이야기를 들으면 앞길이 트이고, 어려운 사람을 많이 도우면 크나큰 평화가 찾아온다.

* 남들이 모두 옷을 입고 있을 때에는 벌거벗지 마라.
....
* 남들이 모두 벌거벗고 있을 때에는 옷을 입지 마라.
....
* 남들이 모두 앉아 있을 때에는 일어서지 마라.
....
* 남들이 모두 서 있을 때에는 앉지 마라.
....
* 남들이 모두 울고 있을 때에는 웃지 마라.
....
* 남들이 모두 웃고 있을 때에는 울지 마라.

자선에 대한 4가지 유형

- 1. 자기는 자진해서 남에게 돈이나 물품을 내놓지만, 남들은 자기와 같이 하는 것을 좋아하지 않는다.
- 2. 남들이 자선하기를 바라면서도 정작 자기 자신은 자선을 하지 않는다.
- 3. 자기 자신도 자선을 하면서 남들도 자선하기를 바란다.
- 4. 자기 자신도 자선을 싫어하고, 남들이 하는 것도 싫어한다.

위와 같은 4가지 유형이 있다. 당신은 몇 번째 유형인가?

첫 번째 유형은 질투가 많은 사람이고, **두 번째 유형**은 자신을 비하하는 사람이며, **세 번째 유형**은 착한 사람이고, **네 번째 유형**은 아주 악한 사람이다.

하나님께 칭찬을 받는 3가지 유형

- 1. 가난함에도 불구하고 주운 물건을 주인에게 찾아 주는 사람.
- 2. 부자로서 남모르게 자기 수입의 10%를 가난한 사람에게 주는 사람.
- 3. 도시에 홀로 거주하면서 죄를 짓지 않는 사람.

* 종족 보존을 위해서라면 다음의 3가지 경우를 제외한 다른 모든 것에 우선한다.

 만일 이 3가지 경우에 속한다면 자기의 목숨을 버리는 편이 낫다.

- 살인을 했을 때.
- 불륜에 의한 육체적인 관계를 했을 때.
- 근친 상간을 했을 때.

* 상인으로서 삼가야 할 일
- 과장 광고.
- 가격을 올리기 위한 매점 매석.
- 계량을 속이는 일.

머리를 써서 **이해**하는
탈무드

  탈무드 안의 일화나 격언은 읽는 것으로 그쳐서는 전혀 의미가 없다. 머리를 써서 생각할 때에 비로소 탈무드의 가르침은 살아난다. 그러므로 현명한 독자는 머리를 써서 더 많은 것을 이해하기 바란다.

❋❋ 태어날 때와 죽을 때의 손

사람이 태어날 때에는 주먹을 쥐고 있지만 죽을 때에는 주먹을 편다. 그것은 왜일까?

태어날 때에는 세상의 모든 것들을 움켜쥐려 하고, 죽을 때에는 모든 것을 후대에게 내주고 빈손으로 돌아간다는 것을 뜻한다.

❋❋ 죽음보다 강한 애정

세상에는 강한 것이 10가지가 있다. 먼저 돌이 강하다. 그러나 돌은 쇠에 깎이고, 쇠는 불에 녹아 버린다. 불은 물에 꺼지며, 물은 구름에 흡수된다. 구름은 바람에 날리지만 바람은 인간을 날려 보내지 못한다. 하지만 강한 인간도 괴로움 앞에서는 참혹하게 무너져 버린다.

괴로움은 술을 마시면 잊혀지고, 술은 잠을 자면 깬다. 잠은 죽음만큼 강하지는 못하나 그 죽음조차도 애정을 이기지는 못한다.

✳✳ 입항과 죽음의 비유

화물을 가득 실은 두 척의 배가 항구에 있다. 한 척은 막 출항을 하고, 또 한 척은 막 입항을 하고 있다.

대개의 경우 출항을 할 때에는 성대하게 환송을 한다. 그러나 입항을 할 때에는 대부분 환영 행사를 갖지 않는다.

탈무드에 의하면 이것은 매우 어리석은 짓이다. 출항하는 배의 미래는 알 수도 없고 폭풍우를 만나 침몰할지도 모른다. 그럼에도 불구하고 왜 성대하게 환송하는가?

오랜 항해를 마치고 배가 무사히 귀항했을 때야말로 커다란 기쁨이다. 그리고 주어진 임무를 완수한 영광의 순간인 것이다.

인생도 이와 마찬가지다. 아이가 태어났을 때에는 모두가 축복을 한다. 이것은 그 아이가 마치 인생이라는 넓은 바다로 떠나는 것과 같다. 그러므로 아이의 앞날에 어떤 일이 생길런지 아무도 모른다.

병이나 사고로 죽을 수도 있고 장차 흉악범이 될 수도 있다. 그러나 사람이 죽음 앞에 와 있을 때, 그가 살아 있는 동안 해 온 일이 확실해졌으므로 죽는 때야말로 그를 축복하는 것이 마땅하다.

❊❊ 진실

유태인들이 히브리어를 가르칠 땐 알파벳에 하나하나 의미를 부여한다. 히브리어로 진실이란 말은 히브리어 알파벳의 첫글자와 마지막 글자 그리고 중간 글자 사이에 반드시 끼어 넣는다. 이것은 진실이 유태인에게 있어서 왼쪽 것도 옳고, 오른쪽 것도 옳고, 중간 것도 역시 옳다는 사실을 가르치기 위해서이다.

❊❊ 유태인이 생각하는 죄

사람은 누구나 죄를 짓는다. 그래서 유태인의 가르침에는 동양의 도덕처럼 엄격하고 긴장된 분위기는 없다.

죄에 대한 유태인들의 생각은 죄를 짓더라도 역시 유태인이다.

예컨대 화살을 과녁에 맞출 능력이 있으면서도 맞추지 못한 것과 같이 본디 죄를 질 까닭이 없는데 어쩌다가 죄를 지었을 뿐이라고 생각한다.

유태인이 죄에 대한 용서를 빌 때 '**나**'라고 말하지 않고 반드시 **'우리'**라고 말한다. 자기 혼자서 저지른 죄라도 반드시 우리가 지은 것으로 생각한다.

이것은 모두를 하나의 대가족으로 여겼기 때문이다. 따라서 한 사람이 죄를 지어도 모든 유태인이 죄를 진 것과 같다.

유태인은 설령 자기가 물건을 훔치지 않았다 하더라도, 도둑질이라는 행위가 일어났다는 사실에 대하여 하나님께 용서를 빈다.

자기의 자선이 부족해서 누군가가 도둑질했다는 죄의식이 있다.

✳✳ 아버지보다 소중한 선생님

유태인의 가정에서는 아버지가 반드시 자식에게 탈무드를 가르친다. 따라서 아버지가 너무 성급하거나 엄격하면 자식은 아버지를 무서워해 공부할 마음의 여유조차 잃게 된다.

히브리어의 **'아버지'**란 말은 **'선생님'**이라는 뜻도 포함되었다.

가톨릭 신부를 영어로 '**파더**=Father'라고 부르는 이유도 이 어휘가 히브리어의 복합적인 관념에서 유래된 것이 아닌가 생각된다.

유태 사회에서는 자기 아버지보다 선생님을 더 소중히 여긴다. 만일 아버지와 선생님이 함께 감옥에 갇힌 경우, 두 사람 중에 어느 한 사람을 구할 수밖에 없다면 자식은 선생님을 구한다. 왜냐하면 유태 사회는 지식을 전하는 선생님이 더 소중하기 때문이다.

❋❋ 거룩한 것이란 무엇인가?

사람의 세계는 동물에서 천사까지의 폭이 있다. 그러므로 천사에 가까워지는 것이 곧 거룩한 것이라는 생각을 유태 사회는 가지고 있다.

랍비가 어느 날 학생들에게 물었다.
"**거룩한 것이란 무엇인가?**"

대부분의 학생들은 '**하나님을 위해서 목숨을 버리는 것**'이라고 대답했고, 어느 학생들은 '**항상 기도하는 것**'이라고 대답하는 등 여러 가지 대답이 나왔다.

그러나 랍비는 이렇게 말했다.
"그 답은 무엇을 먹느냐 하는 것과 성관계를 어떻게 하느냐 하는 것이다."

학생들은 웅성거리며 이렇게 물었다.
"그렇다면 돼지고기를 먹지 않는다든가, 어느 때에는 성관계를 하지 않는다든가 하는 것이 거룩한 것입니까?"

그 이유는 이러하다. 유태인들이 안식일을 철저하게 지키고 있다는 것은 누구나 다 아는 사실이다. 하나님을 위해서 죽는다는 것도 이미 다 밝혀진 진리이다.

그러나 당신이 당신 집에서 무엇을 먹고 있는가를 남들은 모른다. 남의 집을 방문하거나 거리로 나설 때 유태인이면 누구나가 지키는 계율에 따라 식사를 한다. 그러나 집으로 돌아가면 반드시 그렇지만은 않다. 또 성관계도 남들이 보지 않는 곳에서 하는 행위이다.

그러므로 집에서 식사를 할 때와 성관계를 할 때, 사람들은 동물에서 천사 사이의 그 어디에도 있을 수가 있는 것이다. 이런 때 자신이 천사에 가까워지는 것이 진정 거룩한 것이다.

❋❋ 증오를 품지 않는 유태인

유태인은 오랜 세월이 흐르는 동안 박해와 학살을 당한 역사가 있다. 그러나 증오를 담은 문학이나 문헌은 찾아볼 수가 없다. 그것은 유태인이 심한 증오를 품지 못하기 때문이다.

유태인들은 나치스(Nazis) 독일에 의해 6백년 동안 무참히 학살되었다. 그러면서도 유태 사회에는 독일을 싫어하거나 독일인들을 저주하는 서적이 단 한 권도 없다. 또한 이스라엘은 아랍인들과 전쟁을 하면서도 그들을 증오하는 법이 없다. 또한 기독교도들로부터 박해를 받고 있지만 기독교도들을 증오하지 않는다. 그러므로 '베니스의 상인'에 등장하는 샤일록이 증오에 차 있었다는 말은 이치에 맞지 않는다.

'만일 당신(안토니오)이 돈을 갚지 않는다면, 심장에서 가장 가

까운 부분의 살 1파운드를 떼어서 갚아라.'

이 이야기는 순전히 꾸며낸 것인데, 현실적으로 유태인에게 존재하지 않는 이야기이다.

베드로가 바울에 대하여 말하는 것도 바울이 어떤 인물이냐 하는 것보다는 베드로 자신이 어떤 인물인가를 말하고 있는 것에 지나지 않는다. 이와 마찬가지로 셰익스피어는 기독교도였기 때문에 기독교적인 사고방식을 그대로 가지고 있는 것뿐, 유태인과는 전혀 상관이 없다.

만일 유태인이 교활하거나 잔인하고, 욕심이 많거나 정직하지 못하고, 또한 증오심이 강하다면, 가톨릭 협회가 자금이 필요할 때에 하필이면 서로 같은 기독교도를 찾아가지 왜, 유태인을 찾아갔을까? 그것은 곧 유태인들이 가장 동정심이 많고, 가장 정직하고, 가장 신뢰할 수 있는 사람들이기 때문이다. 유태인은 언제나 마음이 따뜻한 사람으로 알려져 있다. 그러기에 누구든 유태인을 찾아가서 슬픈 사연을 얘기하면 반드시 그들은 동정을 베풀어 줄 것이다.

유태인들은 돈을 떼어도 절대 상대를 벌하려 들지 않는다. 유태인들은 어디까지나 상대를 벌하기보다는 돈을 회수하는 데에 큰 관심이 있다. 따라서 돈 대신 시계나 자동차를 저당잡기도 한다. 이런 상황에서 팔이나 심장 같은 것은 아무짝에도 쓸모가 없기 때문에 내놓으라고 하지 않는다.

탈무드에는 누구나 한 가족이요, 하나의 큰 부분이기 때문에 설령 자기가 오른손으로 작업을 하다가 실수로 왼손에 상처를 입혔다고 한들, 왼손이 그 보복으로 오른손에 상처를 입히는 것과 같은 짓은 하지 말라고 씌어 있다.

유태인 사회에는 대금업이 존재하지 않는다. 그것은 당시 몹시도 빈곤한 농경 사회였기 때문이다.

세익스피어의 작품을 읽을 때에는 먼저 기독교도들이 얼마나 유태인을 증오하고 멸시했던가를 알아야 한다. 기독교도들 사이에는 황금천시사상이 만연했는데 특히 신약 성서에는 예루살렘의 유태 환전상을 시내로부터 추방했다.

옛날의 환전상과 대금업자는 어느 정도 체계만 다르지 은행과 다르지 않다. 그런 은행이 오늘날 세계 도처에서 외국 여행자들에게 편의를 제공하고 있다.

유태인들은 한 해에 세 번 정도는 예루살렘을 방문해야 했으므로, 각자가 가지고 온 시리아 돈이라든가 희랍 돈을 현지 화폐로 환전하지 않으면 안 되었다.

하기야 신약 성서에는 돈을 악으로 간주했지만, 유태인들은 단 한 번도 돈을 악으로 간주한 적이 없다.

만일 어떤 사람이 누군가에게 돈을 빌려 줄 경우 빌린 사람이 갚는다는 보장이 없을 때에는 담보가 필요하다. 그러나 탈무드는 아무리 담보를 잡고 돈을 빌려 주었다 하더라도 빚을 진 사람이 두 가지 이상 담보할 것이 없다면 그것을 자기 것으로 만들 수 없다고 했다.

예컨대 옷을 담보로 잡았을 경우 빚을 진 사람이 한 벌의 옷밖에 없다면 그것을 가져와서는 안 된다. 접시를 담보했을 경우에도 그것이 하나밖에 없다면 돈을 빌려 준 사람이 가져올 수 없다. 또 집을 담보했을 경우에도 그 사람이 길거리로 내몰릴 처지에 있다면 그 집을 차지해서는 안 된다.

단지 하나밖에 없는 경우라도 그것이 사치를 위해서 가지고 있는 것이라면 예외이다. 생계를 유지하기 위해 꼭 필요한 것이라면 가지고 올 수 없다.

예를 들어 누군가가 생계를 꾸리기 위해 당나귀 한 마리를 가지고 있다 하자. 그러면 그것을 가지고 가서는 안 된다. 단, 당나귀를 부리지 않는 밤에 잠시 끌고 가서 부릴 수는 있다.

옷을 담보로 했을 경우, 이스라엘의 밤은 매우 춥기 때문에 밤이 되면 그 옷을 다시 돌려줘야 한다. 그렇다고 해도 담보로 제공된 물건을 염치도 없이 제발로 찾으러 간다는 것은 어려운 일이다. 따라서 담보를 잡은 사람이 돌려주러 가야만 하는 것이다. 그렇게 하지 않으면 그 사람의 존엄성에 상처를 입게 된다.

✷✷✷ '7'이라는 숫자의 중요성

유태인에게 있어 '7'이란 숫자는 매우 중요하다. 우선 1주일의 7일째에 안식일이 온다. 또 7년이 되는 해에는 밭을 묵혀서 쉬게 한다. 그리고 49(7×7)년째 되는 해는 대단히 경사스러운 날로, 이 해에는 밭도 묵히고 빌려 준 돈도 장부에서 삭제한다.

2대 축제인 유월절(출애굽 기념.)과 맥추절(수확제.)은 연중 행사로 각각 7일 동안 계속된다.

유태(기원전 10~6세기경, 지금의 팔레스티나 지방에 있었던 유대 민족의 왕국.)의 달력은 세계에서 가장 정확하다. 모두가 노예였던 유태인들이 이집트에서 탈출했던 날은 유태 역사상 가장 중요한 날이므로 그것을 첫 번째 달로 삼고 7개월 후에 새해를 맞이한다.

미국의 새해는 1월 1일이지만 미국에서 가장 중요한 달은 미국이 독립한 7월이다. 회계 연도나 학교의 학기 연도도 모두가 7월부터 시작된다.

이와 마찬가지로 유태인들도 이집트에서 탈출하여 자유

를 얻게 된 때가 첫 달이 되는 것이다. 그래서 이 첫 달에 유월절 축제가 열리고 그로부터 7개월째 되는 달에 새해를 맞아 축제가 열린다.

** 학자에 대한 존경

전재산을 팔아서라도 딸을 학자에게 시집보낸다는 것은 좋은 일이다. 학자의 딸과 결혼을 시키기 위해서라면 전재산을 다 써도 좋다.

유태 민족은 이렇듯 5천 년 전에도 이미 학문을 존중했으며, 학문하는 사람들을 최대한 예우하고 존경했다.

** 자선을 가르치는 유태인 가정

탈무드 시대의 유태인 가정에서는 안식일의 전날인 금요일 밤에 어머니가 반드시 양초에 불을 켜고 아버지는 자녀들의 머리 위에 손을 얹고 축복의 기도를 한다.

이때 유태인 가정에는 반드시 '유태민족기금'이라고 쓴 상자가 있어서 어머니가 양초에 불을 붙이는 순간 자녀들은 부모로부터 미리 받은 동전을 자선용으로 그 상자 속에 넣는다. 이와 같이 어릴 적부터 자선 행위를 가르친다.

금요일 저녁에는 가난한 사람들이 자선을 바라고 부잣집을 찾아 다닌다. 그러면 그 집의 부모는 가난한 사람들에게 돈을 직접 건네 주는 법이 없이 반드시 자녀가 그 상자 속에 있는 돈을 꺼내어 주도록 하고 있다. 이것은 자녀들에게 자선하는 마음을 심어 주기 위해서이다.

그래서 그런지 오늘날 유태인들은 세계에서 자선을 위해 가장 많은 돈을 쓰는 것으로 알려져 있다.

✳✳ 결혼과 담장

유태인은 결혼하지 않는 수녀나 승려의 존재는 믿지 않는다. 그것은 순리대로 사는 것이 가장 좋다고 생각하기 때문이다.

탈무드에는 '1미터의 담장이 100미터의 담장보다 낫다'는 말이 있다. 1미터의 담장은 서로 바라볼 수가 있지만 100미터의 담장은 쉽게 바라볼 수가 없기 때문이다.

사람이 평생 성관계를 가지지 않는다는 것은 아주 불가능한데 이것을 담장에 비유한 말이다.

아내가 없는 유태인은 기쁨도 하나님의 축복도 없으며 또한 선행도 쌓지 못한다. 따라서 남자는 18세에 결혼하는 것이 가장 좋다고 탈무드는 말한다.

❊❊ 유태인의 도축

유태인들은 고기를 먹을 때 그 고기에서 피를 완전히 빼야 한다. 피는 곧 생명인 것이다.

그래서 유태인들은 동물을 때려서 도축하지 않는다. 그렇게 하면 피가 굳기 때문인데, 전기로 도축하는 것 또한 마찬가지이다.

예로부터 유태인들은 짐승에게 고통을 주지 않고도 피를 빼낼 수 있는 방법에 대하여 연구해 왔다.

우선 짐승을 도축하면 30분 동안 물에 담갔다가 굵은 소금으로 순식간에 피를 흡수해 낸다. 소금을 뿌려 두면 소금의 가장자리에는 붉은 피의 띠가 생기는데 이때 흡수된 피는 물로 씻는다.

고기 중에서도 간장이나 심장과 같이 특히 피가 많은 부분은 그 피를 전부 말리기 위하여 불에 쬐는데 이것은 피가 더럽다는 생각에서 그런 것은 아니다.

닭이나 소를 도축하는 사람은 뛰어난 전문가로 특별히 훈련을 받은 해부학의 권위자들이다. 그들은 신앙심도 대단해서 사람들로부터 존경을 받는 입장에 있다.

탈무드에도 랍비가 인체를 해부했다는 이야기가 있다. 따라서 유태인은 4천년 전부터 이미 해부에 관한 지식을 터득한 것으로 짐작된다.

짐승을 도축한 사람은 그 짐승을 꼼꼼히 살피는데 유태인들의 검사 기준은 다른 어느 나라의 식육 검사보다도 엄격하다. 그래서 그런지 여행지의 검사 기준에 합격한 것이라도 먹기를 주저하는 랍비가 흔히 있다.

외국의 경우 검사 방법에 대한 역사가 100년 밖에 안 되는데 비해 그들은 수천 년 이어 온 역사가 있기 때문일 것이다.

유태인들이 피를 기피한다고 생각하지 않는다. 피를 기피하는 유태인은 없다. 제단에 양을 제물로 바칠 때에도 피를 부정한 것으로 취급하지는 않는다.

탈무드에는 남들이 먹는 새우를 유태인들이 먹지 않는다고 해서 유태인들이 더 위생적이라고는 말하지 않는다. 또한 새우가 나쁜 것이라고도 하지 않는다.

이에 대하여 아무런 이유도 없으며, 단지 하나님께서 유태인들에게 새우를 먹지 말라고 했기 때문에 먹지 않는 것뿐이다.

유태인들은 네발짐승 중에서도 두 개 이상의 위가 있고 발굽이 둘로 갈라진 것이 아니면 먹지 않는다. 돼지는 위가 하나밖에 없어서 먹지 않고, 말은 발굽이 통으로 되어 있어서 먹지 않는 것이다. 물고기 중에도 뱀장어처럼 지느러미와 비늘이 없는 것은 먹지 않는다. 고기를 먹고 사는 독수리나 매와 같은 새 종류도 먹지 않는다.

❊❊ 용서가 되는 거짓말

거짓말을 해도 어떤 경우에 용서를 받을 수 있을까?

탈무드에는 다음의 두 가지 경우, 거짓말을 하라고 권한다.

첫째는 먼저 누군가가 이미 사 버린 물건에 대해 의견을 물어왔다면 설령 그것이 좋지 않더라도 좋다는 거짓말을 해라.

둘째는 친구가 결혼했다면 부인이 미인이며 행복할 것이라는 거짓말을 해라.

※※ 자백은 무죄

유태인의 법에 따르면 자신에게 불리한 증언은 무효라고
했다. 자백을 인정하지 않는 것은 고문의 폐해를 막기 위한
것이다.

※※ 사형에 대한 판결

법원에서 사형에 대한 판결을 내릴 경우, 판사들이 전원
일치로 판결을 하면 그 판결은 무효이다.

항상 판결은 두 가지 견해가 있기 마련이다. 한 가지 견해
만 있다면 공정한 재판이 못 된다는 인식이 있어 사형이라
는 극형을 내릴 수 없다.

따라서 전원 일치의 판결이 나오면 사형을 집행하지 않는
다는 규정이 생긴 것이다.

❋ 착한 사람

세상에는 필요한 것이 있다. 금·은·철·동이 바로 그것이다. 그렇다 해도 대체할 수 있다. 오직 대체할 수 없는 것은 착한 사람뿐이다.

❋ 두 개의 머리와 하나의 몸통

탈무드에는 하나의 사고법을 단련하기 위해 비현실적인 어떤 원리와도 같은 이야기를 한다.

가령 이런 가설적인 질문이 있다고 하자.

"만일 한 아이가 두 개의 머리를 가지고 태어났다면 이것을 한 사람으로 보아야 하는가? 아니면 두 사람으로 보아야 하는가?"

얼핏 보기에 이 질문은 꽤 어리석게 보인다. '사람은 머리가 둘이라도 몸통이 하나면 한 사람이다.' 또는 '머리 하나를 한 사람으로 보아야 한다.'라는 원칙을 확립하려면 꼭 필요한 가설이 있다.

유태교에서는 아이가 태어나 1개월이 되면 예배당으로 가서 축복을 받게 한다.

이때 머리가 둘이면 두 번 축복을 받아야 하는가? 아니면 한 사람이니까 한 번만 받아야 하는가?

또 기도에 앞서 작은 미사보를 머리에 얹을 때 한 사람이니까 한 개면 되는가? 혹은 머리가 둘이니까 두 개를 얹어야 하는가?

만일 당신이라면 이 가설에 대하여 어떤 판결을 내리겠는가?

그렇다면 이 가설에 대해 탈무드는 어떤 판결을 내렸을까?

실로 탈무드의 답은 아주 명료하다.

'한쪽 머리에 뜨거운 물을 부었을 때, 다른쪽 머리가 비명을 지르면 한 사람이고, 만일 다른쪽 머리가 반응을 하지 않는다면 두 사람으로 보아야 한다.'

탈무드에는 이와 같이 응용 범위가 넓은 이야기들이 얼마든지 있다. 왜 랍비들은 설교를 할 때 그와 같은 많은 에피

소드(Episode)를 끼어 넣었을까?

그것은 사람들이 설교 자체를 쉽게 잊기 때문이다. 그렇지만 에피소드는 오래도록 기억에 남고 대부분 유익하고 교훈적이기 때문이다.

* **탈무드**에서는 '모든 교사와 랍비는 아내를 얻지 않으면 안 된다.' 라는 말이 있다. 이것은 곧 독신자는 온전한 사람이 아니라는 생각에서 유래된 것이다.

※※ 간음은 하나님에게 짓는 죄

　탈무드 시대에는 아내가 다른 남자와 성관계를 가졌을 경우 이것은 남편에게 죄를 진 것이다. 그러니 아내는 물론이고 성관계를 가진 남자에게 어떤 제재를 가해도 무방하다고 되어 있다.

　이때 남편은 그들에게 벌을 내리거나 용서를 해줄 수도 있다.

　그러나 이것은 다른 민족의 경우이고 유태인에게 있어서는 그것을 하나님에 대한 죄로 여긴다. 그렇기 때문에 남편에게는 아내를 용서할 권한이 없는 것이고 하나님이 유태인에게 내려 주신 율법에 대한 죄이다.

　즉 이것은 사람에 대한 죄가 아니라 하나님에게 짓는 죄로 인식된 것이다.

❊❊ 기쁨이 있는 성관계

* 성관계는 올바르고 깨끗하게 하면 기쁨이 된다. 따라서 성관계를 추한 것으로 말해서는 안 된다.
. . . .
* 남자의 성적 흥분은 눈을 통해서 일어나고, 여자의 성적 흥분은 피부의 접촉을 통해서 일어난다.

탈무드에서는, 남자들에게는 '여자와 접촉할 때 주의하라.' 여자들에게는 '옷차림에 주의하라'고 했다.
. . . .
* 탈무드에서는 성관계를 '생명의 강'으로 부른다. 강물은 때때로 홍수를 일으켜 모든 것을 파괴하기도 한다. 그러나 때론 마음을 즐겁게 하고 모든 것에 열매를 맺게 하여 세상을 유익하게 한다.
. . . .
* 생리 중에는 아내와 성관계를 가져서는 안 되며, 생리 후에도 7일 간은 금욕해야 한다. 아무리 부부 사이라도 이 10여일 동안은 성관계를 가질 수가 없다. 이 기간에는 아내에 대한 남편의 성욕이 강해진다. 그래도 생리 기간이 지나야 부부는 신혼 때와 같은 성생활을 할 수 있다.
. . . .
* 랍비는, 성관계를 갖는 과정에서 절정에 도달하는 시점

이 여자와 남자가 다르다는 것을 알고 있다. 즉 여자가 흥분하기도 전에 남자가 사정할 수도 있다는 것이다.

....

* 아내의 동의를 구하지 않고 남편이 품는 것은 강간과 같다. 성관계를 가질 때에는 매번 남편이 아내에게 동의를 구해야 한다. 이때 아내의 동의가 있다면 다정하게 말을 걸고 충분한 애무 시간을 가져야 한다.

....

* 결혼한 여자는 절대로 딴 남자와 성관계를 가져서는 안되지만 남자는 허용된다.

탈무드 시대의 남자는 둘 이상의 아내를 거느릴 수가 있었다. 그러나 일부일처제가 시행된 이후로 누구든 한 명의 아내밖에 얻지 못한다. 그 한 명의 아내를 제외한 다른 여자를 거느린다는 것은 성실성이 부족한 남편으로 낙인찍힌다.

탈무드에는 몇 토막의 매춘부 이야기가 있다.

자위행위를 할 바에야 매춘부를 찾는 편이 낫다. 아내가 계속해서 성관계를 거부할 때 부득불 남자는 매춘부를 찾아갈 수도 있다.

그러나 유태인들의 사회는 학문과 계율을 존중하고 종교를 사랑하기 때문에 매춘이 성행한 적은 거의 없었다.

* 탈무드 시대부터 랍비는 피임법을 잘 알고 있었다. 그렇기 때문에 누가 어떤 피임법을 써야 하는가에 대하여 잘 알려 준다. 이때의 피임법은 여자만이 사용했다.

탈무드에 의하면 피임법이 허용되는 경우를 3가지로 제한하고 있다. 우선 임산부, 젖먹이를 둔 여자, 어린 여자 등이다.

그럼 임산부가 왜 피임을 하면 좋은가? 당시 랍비들의 지식으로는 임신 중에 또 임신을 하는 경우가 있을지도 모른다는 생각을 했기 때문이다.

또한 젖먹이를 둔 엄마가 왜 피임을 하면 좋은가? 어린아이는 네 살까지 보살펴 주는 것이 당연하다고 생각했다. 그래서 이 기간 내에 또 낳는 것을 원치 않았다.

어린 여자의 경우도 약혼과 결혼을 막론하고 너무 일찍 임신을 하게 되면 몸이 망가질 우려가 있음을 경계했다.

이 밖에도 흉년이 들었을 때, 민족이 위기에 처해 있을 때, 전염병이 돌고 있을 때, 기타 부득이한 때에도 피임을 권장했다.

....

* 랍비들이 보았을 때 동성연애는 용서할 수 없는 행위이다. 또한 유태인들 사회에서 동성연애는 극히 드물다. 그것은 아주 굳센 아버지와 인자한 어머니가 유태인의 이상적

인 남녀상이기 때문이다.

❋❋ 물레방아의 임대

　A와 B 두 사람이 있었다. A는 B에게 물레방아를 빌려 주었다. 그 계약 조건은 B가 A의 물레방아를 사용하는 대신에 B는 A의 곡식 전부를 무료로 찧어 준다는 조건이다.

　그러는 동안에 A는 부자가 되어 다른 물레방아 몇 개를 더 사들였으므로 곡식 찧는 일을 B에게 맡길 필요가 없었다. 그래서 어느 날 A는 B에게 임대료를 현금으로 달라고 했다. 그런데 B는 임대료 대신에 A의 곡식을 찧어 주려 했다.

　이런 경우 어떻게 하면 좋을까?

　탈무드의 판결은 만일 B가 A에게 돈을 지불할 능력이 없다면 계약대로 임대료 대신 A의 곡식을 찧어 주어야 한다. 그러나 A가 아닌 다른 사람의 곡식을 찧어서 돈이 생겼을 경우 A에게 현금으로 지불해야 한다.

❋❋ 보증을 위한 조언

사장과 종업원이 있었다.

종업원은 사장을 위해 일을 해 주고 주급을 받기로 했다. 이때 사장은 현금이 아니라 근처의 상점에서 주급만큼 물건을 사면 그 물건 값을 상점에 대신 지불하겠다고 했다.

1주일이 지났다.

종업원은 불만이 가득찬 얼굴로 사장에게 말했다.

"상점 주인이 현금을 가져오지 않으면 물건을 주지 않겠다고 합니다. 그러니 현금으로 주십시오."

때마침 상점 주인이 찾아왔다.

"사장님 종업원이 가져간 물건 값을 받으러 왔습니다."

이런 경우 사장은 어떻게 해야 할까?

우선 사실을 확인할 필요가 있겠지만, 아무리 조사를 해 봐도 종업원이나 상점 주인이나 사실을 입증할 만한 아무런 근거가 없었다.

그래서 랍비는 어찌할 바를 몰랐다. 두 사람은 선서까지 했음에도 불구하고 서로의 주장을 굽히지 않았다. 따라서 랍비는 사장에게 양쪽 다 지불하라고 명령했다.

여기서 종업원은 상점 주인의 청구와는 직접적으로 관계가 없다. 상점 주인도 종업원과는 직접적으로 관계가 없다.

그러나 사장은 양쪽으로 관계가 있기 때문에 그런 관계를 맺은 이상, 사장은 양쪽 모두에게 책임이 있으므로 이중 지불을 명한 것이다.

이것은 탈무드 안에서도 오랫동안 논의되어 온 부분인데, 이 의견이 가장 옳다. 어느 한 쪽이 거짓말을 하고 있는지는 모르겠지만 그들은 함께 선서를 했고, 또 사장은 양쪽으로 관련되어 있기 때문에 어쩔 수가 없는 일이다.

요컨대 경솔한 보증을 서서는 안 된다는 탈무드의 교훈적인 이야기이다.

※※ 과장 광고

오늘날 과장 광고는 금지되어 있다. 그럼에도 불구하고 자동차 · 맥주 · 담배 등의 광고가 마구 쏟아져 나온다.

예를 들면 A, B회사가 전혀 상품과 관련이 없는 모델를 출연시키거나 포장과 디자인을 이용해 자사가 경쟁사 상품보다 더 우수하다고 광고를 한다.

더욱이 오늘날에는 그것이 관행처럼 되어 있고, 오히려 좋은 판매 방법이라고 말을 한다.

미국의 담배 광고를 보면 미녀가 승용차 안에서 멋있게 담배를 피우고 있는 장면이 나온다. 물론 이 광고가 거짓말을 하고 있는 것은 아니지만 실제로 담배를 피우는 사람들과 이 미녀는 아무런 관련이 없다. 이런 광고 방법을 탈무드에서는 금지하는데, 이것은 어떤 의미에서 보면 고객을 속이는 행위로 보기 때문이다.

탈무드는 이렇게 적고 있다.

* 소를 팔 때에는 다른 색깔로 염색하지 마라. 그리고 모든 도구에 색깔을 칠하여 헌 것을 새 것인 양 파는 것도 안 된다.

. . . .

* 늙은 노예가 자신을 팔기 위해 머리에 염색을 하고 얼굴에 화장을 하는 등, 젊게 보여 사가는 사람을 속게 해서는 안 된다.

* 과일 가게는 신선한 과일을 오래된 과일 위에 올려놓고 팔아서는 안 된다.

....

* 같은 상품에 다른 이름을 붙여서 팔면 안 된다.

오늘날 미국의 광고에서는 '킹 싸이즈'니 '풀 야드'니 하는 과장된 말이 쓰이는데 풀 야드라고 해야 1야드(91.44cm)에 불과한 것이다. 그러므로 탈무드에서는 일찌감치 이런 말을 쓰지 못하도록 규정하고 있다.

✳✳ 불공정한 거래

영업하는 가게의 이웃에 동일한 업종의 가게를 차려 놓고 이웃 가게와 똑같은 상품을 팔아서는 안 된다.

또한 다른쪽 가게에서 아이들에게 경품을 붙여서 팔면 안 된다. 비록 그것이 팝콘 같이 하찮은 경품이라 해도, 아이들이 어머니를 끌고 그 가게에 가서 물건을 살 정도가 되면 찬반 양론이 생기게 마련이다.

랍비 중에는 싼값으로 경쟁하는 것이 고객에게 이익이 되어 좋다 하고, 또 어떤 랍비는 손님을 끌기 위해 싼값으로 팔거나 경품을 붙여 팔거나 하는 것은 모두 온당치 못한 행위라고 한다.

그러나 대다수의 랍비들은 아무리 싸게 팔아도 그 경쟁은 불공정 거래가 아니라고 말한다.

요컨대 물건을 사는 고객에게 이익이 된다면 그것이 좋다는 결론이다.

✳ 소유권에 관한 증명

이번에는 소유권에 관한 이야기를 해보자.

가령 가축 주인은 그 가축에 낙인(불에 달구어 찍는 쇠도장.)을 찍어 둠으로써 소유권을 증명할 수 있다.

시계의 경우에도 이름을 새겨 넣을 수가 있고, 양복의 경우에도 이름을 박아 넣을 수가 있다. 또한 자동차나 집의 경우에는 등기소를 통해 각각 등기를 하면 된다.

그러나 물건에 따라서는 이름을 써넣거나 등기를 할 수 없는 것도 있다. 이런 경우 어떤 방법으로 소유권을 증명하는 것이 바람직한가?

우선 다양한 실례를 검토해 보고 원칙을 세우는 것이 탈무드의 방법이다.

이런 경우는 일 원짜리 물건에서부터 백억 원을 넘는 물건에 이르기까지 그 차이가 다양하다. 따라서 원칙을 세워 놓지 않는 한 판단을 내리기가 어렵다.

예를 들어 두 사람이 극장을 갔다고 하자.

각각 서로 다른 문으로 들어간 두 사람은 마침 중앙에 두 개의 빈 좌석을 보고 그곳으로 갔다. 그런데 그 앞에 주인을 알 수 없는 돈이 떨어져 있었다. 동시에 두 사람이 그것을 발견했는데 그들은 서로 자기 돈이라고 주장했다.

이런 경우에 어떤 식으로 해결해야 바람직한가?

탈무드는 이것에 대하여 의견이 분분하다. 우선 두 사람이 나누면 좋지 않겠느냐는 견해가 있는데 이는 원칙적으로 적용할 수가 없다.

만일 법원에 가서 나눌 경우, 뒷자리에 앉았던 사람이나 옆자리에 앉았던 사람들까지도 자기 것이라고 주장할 경우가 있기 때문이다.

그것을 발견한 사람에게 소유권이 있다고 전제할 때, 발견하지도 않은 사람이 나섰다고 하여 소유의 권리가 생긴다면 부당하다.

그래서 탈무드는 성서에 손을 얹고 선서한 다음, 양심에 비추어 봐도 틀림없이 자기 것이라고 생각한다면 서로 나누어 가지라고 했다.

누군가 어떤 의견을 제시하면 반드시 그것을 반박하는 의견이 생기게 마련이다.

따라서 선서도 소용이 없는 것이 아니냐는 의견이 나왔다. 요컨대 자기의 것이라고 주장까지 했는데 절반밖에 가지지 못한다면 그것은 선서를 모독하는 처사가 된다는 이유에 서다.

그러자 이번에는 절반만 자기의 것이라고 선서시키면 어떻겠느냐는 의견이 나왔다.

그럴 경우 만일 A가 100%, B가 50%의 소유권을 주장한다면 결국 법원의 판결에서 A는 절반을 인정받을 수 있지만, B는 절반의 반밖에 인정받지 못한다.

탈무드는 결국 선서를 할 때에 양쪽이 절반만의 소유권을 주장하는 것으로 일단락 지었다.

그런데 주운 것이 돈이 아니고 고양이일 경우에는 어떻게 할 것인가? 그렇다고 고양이를 둘로 나눌 수는 없는 노릇이다.

이럴 경우에는 둘이서 고양이를 팔면 된다. 그렇지 않으면 한 쪽이 고양이 값의 절반을 상대에게 지불하고 가져가면 된다.

단, 고양이의 경우에는 주인이 나타날지도 모르기 때문에 일정 기간을 두고 처분해야겠지만, 지폐의 경우는 처음부터 주인을 찾을 수 없다는 가정 하에 즉시 나눈다.

예를 들어 어떤 사람이 길에 돈을 떨어뜨리고 간 뒤로 다른 사람이 줍고 있을 때, '내가 흘린 만 원짜리 돈을 찾으러 오는 길이다.'라고 한들 정말 그 돈이 그 사람의 것인지는 입증하기가 어렵다.

설령 그 만 원짜리에 그 사람의 이름이 씌어 있다고 치자, 그렇다고 자기를 거쳐간 수많은 돈에 이름을 써넣은 다음, 그 돈을 볼 때마다 자기의 것이라고 우기는 사람이 없다고 단정 짓기는 어렵다.

그러나 자기를 입증할 수 있는 신분증이나 특별한 서류가 함께 있어 그것이 자기의 것으로 증명이 될 때에는 문제가 다르다.

앞에서 예를 든 것처럼, 극장에서 벌어진 둘의 관계를 보면 두 사람이 함께 발견했을 때에는 먼저 주운 사람이 임자이다.

그것을 보았다는 것은 누구나 증명할 수는 없지만, 주웠다는 사실은 쉽게 입증할 수 있기 때문에 이것이 하나의 원칙인 것이다.

✳✳ 선입견

각기 다른 말을 두 사람이 와서 했다고 치자. 그들 중 한 사람은 부자이고 한 사람은 가난하다.

당신은 어느 쪽을 믿겠는가?

반드시 부자가 거짓말을 잘한다고 볼 수도 없고, 또한 가난한 사람이 진실을 말한다고 볼 수도 없다.

다시 말해 선입견을 버리라는 말이다.

✳✳ 분별없는 행동

많은 사람들이 항해 중에 있었다.
이때 한 젊은이가 송곳으로 배의 바닥에 구멍을 내고 있는 것이 아닌가.
이것을 본 사람들이 깜짝 놀라 아우성을 쳤지만, 그 젊은이는 오히려 화를 내고 대들었다.

"여긴 내 자리요. 내 자리를 내가 내 마음대로 하는데 당신들이 무슨 상관이오?"

이윽고 배에 탄 젊은이는 물론 나머지 사람들도 바다 밑으로 가라앉고 말았다.

✻✻ 거짓말

아무리 거짓말을 잘하는 사람이라도 자신에게 불리한 거짓말은 하지 않는다.

탈무드 속의
배려

배려란 상대를 이해하고 나를 낮추는 것으로부터 비롯된다. 그러므로 배려는 곧 사랑이다.

✳✳ 형님 먼저 아우 먼저

옛날 이스라엘에 두 형제가 살고 있었다. 형은 이미 결혼을 하여 아내와 자식이 있었는데, 동생은 아직도 미혼이었다.

부지런히 농사를 짓던 두 형제는 아버지가 돌아가시자 그 유산을 서로 똑같이 분배했다.

어느 날 사과와 옥수수를 수확한 두 형제는 그것을 똑같이 나누어 각자의 창고에 넣었다.

밤이 되자 동생은 생각했다.

'형님은 형수와 조카가 있어서 생활이 힘들 거야. 내 것을 좀 갖다 드려야지.' 하고는 많은 양의 수확물을 형의 창고로 옮겨 놓았다.

한편 형은 '나는 아내와 자식이 있으니 늙어서도 걱정이 없겠지만, 동생은 혼자이기 때문에 비축을 해야 되겠지.' 하고는 수확물을 동생의 창고로 옮겨 놓았다.

아침이 되자 각자 자기의 창고로 가 본 두 형제는 깜짝 놀랐다. 그것은 어제와 마찬가지로 수확물은 줄지 않고 그대로였기 때문이다.

그 뒤로 이와 같은 일이 사흘 밤이나 계속되자, 두 형제는 참으로 의아하게 생각했다.

다시 그 다음날 밤, 형은 동생에게 동생은 형에게 수확물을 옮기던 중 마주치고 말았다. 그제서야 두 형제는 이유를 깨닫고 서로 부둥켜안은 채 눈물을 흘렸다.

❋ 당나귀와 다이아몬드

한 랍비가 생계 수단으로 산에서 나무를 하여 먼 장터에 내다 팔았다.

그러던 어느 날 그는 당나귀 한 마리를 사기로 했다. 그렇게 하면 장터로 가는 시간을 단축할 수 있어 여느 때와 다르게 탈무드 공부를 더 할 수 있다.

그는 마침내 장터에 사는 아랍인으로부터 당나귀를 샀다. 랍비가 당나귀를 사오자 신이난 제자들은 당나귀를 냇가로 끌고 가 목욕을 시켰다.

그런데 어찌된 영문인지 당나귀의 갈기(말이나 사자 따위의 목덜미에 난 긴 털.)에서 큰 다이아몬드가 떨어졌다.

제자들은 그가 나무꾼 신세를 면하게 되면 자기들에게도 공부할 시간이 많아질 거라는 생각에 매우 기뻤다.

그러나 랍비는 제자들에게 그 다이아몬드를 당장 아랍 상인에게 돌려주라고 명령했다.

제자들이 말했다.
"랍비님 이것은 랍비님이 사신 당나귀가 아닙니까?"

랍비가 대답했다.
"나는 당나귀를 산 적은 있지만 다이아몬드를 산 적은 없다. 내가 산 물건만을 갖는 것이 정당한 것이다."

하는 수 없이 제자들은 아랍 상인에게 다이아몬드를 돌려주었다.

그러자 아랍 상인이 찾아와서 말을 했다.
"당신이 그 당나귀를 샀고, 그 다이아몬드는 그 당나귀의 몸에 붙어 있었습니다. 굳이 돌려줄 필요가 어디에 있습니까?"

랍비가 대답했다.

"유태인의 전통으로는 산 물건만을 가져야 합니다. 그래서 이것을 당신에게 돌려주는 것입니다."

그러자 아랍 상인은 이렇게 말했다.
"정말 당신들의 하나님은 위대한 하나님입니다."

✲✲ 주인에게 충성을 다하는 개

고대 이스라엘의 농촌에는 뱀이 많았다. 우연히도 집 안에 있는 우유 통 속으로 뱀이 들어갔다 나온 것이었다. 하지만 가족들은 그 사실을 전혀 몰랐고, 그 집의 개만이 그 현장을 보았다.

얼마 후 가족 중 한 사람이 그 우유 통을 꺼내려 하자, 개가 마구 짖어댔다. 그는 왜 개가 짖는지를 몰랐다.

마침 가족 중 한 사람이 그 우유를 마시려 하자 갑자기 개가 달려들어 우유 통을 엎어뜨렸다. 순간 우유가 쏟아졌고, 개는 바닥에 있는 그것을 핥아먹고 이내 죽었다.

가족들은 개가 죽고 나서야 비로소 그 우유에 독이 들었다는 사실을 알게 되었다.

그 이후로 가족들은 개의 충성심을 알게 되었으며, 랍비도 그 개에 대한 경의와 칭찬을 아끼지 않았다.

❄❄ 거짓과 진실 (1)

솔로몬 왕은 매우 현명한 사람으로 알려져 있다.

어느 날, 1명의 아이를 두고 2명의 여자가 자기 아이라고 우기며 싸웠다.

결국 결론을 내리지 못하고 솔로몬 왕에게 누구의 아이인지를 판결해 달라고 청원했다.

솔로몬 왕은 여러모로 사실을 조사해 보았지만 누구의 아이인지 좀처럼 가려낼 수가 없었다.

유태인의 경우 소유물이 누구의 것인지 불분명할 때에는 공평하게 둘로 나누는 것이 통상적인 관례여서 솔로몬 왕은 그 아이를 칼로 잘라 이등분하라고 명령했다.

그러자 갑자기 한 여자가 죽을상이 된 얼굴로 이렇게 소리치며 울었다.

"그렇게 할 것이면 차라리 그 아이를 저 여자에게 주십시오."

이 광경을 본 솔로몬 왕은 그 여자에게 말했다.

"당신이야말로 이 아이의 진짜 어머니오."

❋❋ 거짓과 진실 (2)

어떤 부부에게 두 아이가 있었다. 둘 다 남자 아이였다. 그런데 한 아이는 어머니가 다른 남자와 불륜의 관계로 낳은 아들이었다.

어느 날 남편은 이웃에게 두 아들 중 한 아이는 다른 아버지의 아들이라는 말을 엿들었는데 어느 쪽이 자기의 아들인지 알 수가 없었다.

그 후 그는 중병에 걸렸다. 그는 자신의 죽음을 예견하고 자기의 친자식에게 전재산을 주겠다는 유서를 썼다.

그가 죽자 그 유서는 랍비에게 전해졌다. 랍비는 그의 친자식을 가려내기 위해 두 아이를 아버지의 무덤 앞으로 데려갔다. 그리고 무덤을 몽둥이로 힘껏 치라고 했다.

그러자 한 아이가 울면서 말했다.

"저는 차마 아버지의 무덤을 치지 못하겠습니다."

랍비는 차마 이 무덤을 칠 수 없었던 쪽이 그의 아들이란 판단을 내렸다.

✲✲ 공동체 의식

어느 날, 왕이 잔치를 한다고 백성들에게 말했다.

"잔치에 참석하는 사람들은 각자 조금씩 포도주를 가지고 옵시다. 그리고 이것을 큰 항아리에 부은 다음 우리 모두가 공동체임을 보여 줍시다."

드디어 잔칫날이 다가왔다. 사람들은 각자 가지고 온 포도주를 큰 항아리에 부었다.

왕은 흐뭇한 표정을 지으면서 포도주를 맛보았다. 맛을 보는 순간 크게 당황했다. 왜, 당황했을까?

그것은 색깔만 비슷할 뿐 거의 물과 마찬가지였기 때문이다.

사람들은 대부분 '나 하나쯤이야'라는 생각으로 포도주 대신 물을 가지고 온 것이다.

❋❋ 한 포기의 갈대는 쉽게 꺾기나 백 포기의 갈대는 쉽게 꺾기지 않는다

한 포기의 갈대는 약해서 쉽게 꺾이지만 백 포기의 갈대를 다발로 묶으면 철통처럼 꺾이지 않는다.
개들 역시도 모아 놓으면 싸움밖에 모르지만, 이리가 나타나면 싸움을 멈춘다.

❋❋ 생명의 존엄성

상대를 죽인다면 내가 살 수 있고, 그 사람을 죽이지 않는다면 내가 죽게 될 경우 어떻게 해야 할 것인가? 이럴 때 내 목숨을 구하기 위해 다른 사람을 죽여서는 안 된다.
어찌 나의 피가 상대의 피보다 더 붉다고 할 수 있겠는가?
이처럼 어느 한 사람의 피가 다른 사람의 피보다 더 붉다고 할 수는 없는 것이다.

❀❀ 생명을 주는 네 사람

아이가 태어날 때에는 아버지와 어머니와 하나님이 생명을 주신다. 그리고 그 아이가 성장을 하면서 생명을 주게 될 분이 한 분 더 있다. 그것은 그 아이를 가르치는 선생님이다.

❀❀ 보트와 페인트공

어느 한 사람이 작은 보트 한 척을 가지고 있었다.

그는 해마다 여름이 되면 가족들과 함께 호수로 나가 보트를 타고 낚시를 즐겼다. 여름이 지나자 보트를 보관하기 위해 뭍으로 끌어올렸다.

보트를 점검하던 중에 바닥이 뚫린 것을 발견했다.

그렇다 해도 당장은 탈 일이 없기 때문에 페인트공에게 칠만을 부탁했다.

이듬해 봄은 유난히도 일찍 찾아왔다.

두 아들이 보트를 타고 싶어하자 아들에게 보트를 내주었다.

그로부터 두 시간 가량 흘렀을까, 갑자기 보트 바닥의 작은 구멍이 생각났다. 순간 그는 수영도 못하는 아들을 생각하며 황급히 밖으로 뛰어나갔다.

어찌된 영문인지 두 아들이 보트를 끌고 때마침 돌아오는 것이 아닌가. 그는 와락 두 아들을 끌어안은 채 보트를 살펴보았다.

이상하게도 보트의 바닥은 수리가 되어 있었다. 그는 직감적으로 페인트공이 보트를 고쳤겠다는 생각이 들자, 그의 집으로 찾아가 선물을 건넸다.

페인트공은 선물을 사양하면서 이렇게 말했다.

"보트에 칠을 한 대금은 이미 주셨는데, 왜 이런 선물을 주십니까?"

그래서 그는 말했다.

"당신은 부탁도 안 했는데 그 보트를 수리해 주셨습니다. 나는 봄이 오면 그 보트를 수리하려 했습니다.

그런데 깜빡 잊고 있었죠. 정말이지 덕분에 우리 아들의 목숨을 구하셨습니다."

이처럼 아무리 작은 선행일지라도 그것이 다른 사람에게는 얼마나 큰 위안이 되는지를 알아야 한다.

※ 축복의 말 한 마디

유태인들은 왕을 알현할 때나 식사를 할 때, 그리고 해돋이를 볼 때 등 온갖 행동을 할 적마다 축복의 말을 한 마디씩 한다.

하다 못해 화장실에 갈 때에도 축복의 말을 한다.
"열려야 할 것은 열어 주시고, 닫혀야 할 것은 닫아 주옵소서"

❋❋ 위생 관리

탈무드는 유태인들에게 매우 철저한 위생을 요구한다.

* 의사가 없는 곳에서는 살지 마라.

. . . .

* 눈에 안약을 넣는 것보다는 아침 저녁 눈을 깨끗이 씻는
편이 낫다.

. . . .

* 컵을 사용해서 물을 마실 때에는 컵을 사용하기 전이나
후에도 씻어라.

. . . .

* 내가 사용한 컵을 씻지 않고 다른 사람에게 건네서는 안
된다.

❋❋ 훌륭한 랍비의 눈물

아주 훌륭한 랍비가 있었다. 그는 행실이 바르며 친절하
고 자애심이 많기 때문에 여러 사람들로부터 존경을 받았
다.

더군다나 주위를 위해서 세심하게 배려하는 것은 물론 신
앙심이 깊었다.

개미 한 마리도 밟지 않도록 조심해서 걸었고, 하나님이 만든 것이라면 무엇이든 다치지 않도록 주의 깊게 생활했다. 그렇기 때문에 제자들도 그를 대단히 존경하고 따랐다.

80세가 지난 어느 날, 그의 육체는 갑자기 쇠약해졌다. 그도 그 사실을 깨닫고 자기의 죽음이 임박했음을 알았다. 제자들이 그의 곁에 모이자 그는 울기 시작했다.

깜짝 놀란 제자들이 물었다.

"선생님, 왜 그렇게 우십니까?

당신께서는 단 하루도 공부를 안 하신 적이 있나요?

우리들을 가르치지 않은 날이 단 하루라도 있었던가요?

자선을 베푸시지 않은 날이 단 하루라도 있었던가요?

당신께서는 이 나라에서 가장 존경을 받으시는 분입니다.

하나님을 가장 깊이 공경하신 분도 바로 당신이십니다.

더군다나 당신께서는 정치와 같은 더러운 세계에는

단 한 번도 발을 들여놓으신 적이 없습니다.

그러기에 당신께서 우실 이유는 전혀 없다고 생각합니다."

그러자 랍비가 말했다.

"나는 죽는 순간 내 자신에게 묻는다네.

'그대는 공부를 했는가?'

'그대는 하나님께 기도를 했는가?'

'그대는 자비를 베풀었는가?'

'그대는 행실을 올바르게 했는가?'

나는 '그렇소' 하고 대답을 할 수 있다네.

그러나 '그대는 사회생활에도 참여했는가?'

'아니오.'라고 대답할 수밖에 없다네.

그래서 나는 울고 있는 것이라네."

✳✳ 행복한 자선

어느 농촌에 꽤 많은 땅을 가진 농부가 있었다.

그는 예루살렘 근교에서 가장 자선을 잘하는 사람으로 알려졌는데 해마다 랍비들이 찾아오면 그는 섭섭치 않게 자선을 베풀었다.

어느 해 폭풍으로 과수원이 망가지고 질병이 번졌다. 마침내 그가 기르던 양과 소 그리고 말들이 다 죽었다. 이것을 본 채권자들이 재산을 몽땅 압류하는 바람에 겨우 남은 것은 아주 작은 농지뿐이었다.

그는 말했다.

'하나님께서 주셨다가 도로 가져가신 것이니 어쩔 수 없지.'

랍비들은 그를 찾아가서 동정했다.
"그처럼 많은 재산을 가지고 있었는데 이렇게 몰락했군요."

그러자 농장 주인의 아내는 남편에게 이렇게 말했다.
"우리는 지금까지 랍비들에게 학교를 세워 주고, 예배당을 후원하고, 가난한 사람들과 노인들을 위해서 기부를 해 왔는데 올해라고 해서 기부를 하지 않는다면 정말 서운할 거예요."

이들 부부는 랍비를 빈손으로 돌려보낼 수가 없었다. 그들은 얼마 안 되는 마지막 남은 땅의 절반을 팔아서 랍비들에게 헌금으로 주었다. 그리고 나머지 절반의 땅으로 좀 더 부지런히 일을 하기로 했다.
랍비들은 생각지 않았던 헌금을 받자 깜짝 놀랐다. 그 이후 이들 부부는 남은 땅이나마 부지런히 갈고 일구었다.
그러던 어느 날 쟁기질을 하던 소가 밭을 가는 도중에 갑자기 쓰러졌다.
깜짝 놀란 부부가 흙투성이의 소를 끌어내자, 소가 쓰러진 자리에서 뜻밖의 보물이 발견되었다. 부부는 그 보물로 전처럼 큰 농장을 사들였다.

이듬해에도 랍비들은 변함없이 그 농부가 아직도 가난한 생활을 할 것으로 믿고 작년에 살던 오두막집으로 찾아갔다. 그런데 그들은 그곳에 없었다.

이웃 사람들이 말했다.
"그들은 이제 여기에 살고 있지 않습니다. 저쪽 편 큰 집에서 살고 있습니다."

랍비들은 그 집으로 찾아갔다.
농부는 지난 1년 동안에 자기가 겪었던 일을 모두 이야기하고는, 아낌없이 자선을 베풀면 반드시 복이 돌아온다고 말했다.

✳✳ 사해와 생해

이스라엘에는 요단강 근처에 두 개의 큰 호수가 있다. 하나는 생명이 없는 '사해'요, 다른 하나는 생명이 있는 '생해'다. '사해'는 외부로부터 물이 들어오지만 어느 곳으로도 나가지 못한다. 반면 '생해'는 한쪽으로 물이 들어오면 다른 한쪽으로 나간다.

자선을 베풀지 않는 것은 '사해'와 같아서 재물이 들어오기만 하고 나가지는 않는다. 반면 자선을 베푸는 것은 '생해'와 같아서 재물이 들어오고 또 나간다. 그러므로 우리들은 생명이 있는 '생해'가 되어야 한다.

✳✳ 상을 주는 대신 화를 낸 사자

사자의 목구멍에 뼈가 걸렸다. 그러자 사자는 자기의 목구멍에 걸린 뼈를 꺼내 주면 큰 상을 내리겠다고 했다.

그때 황새가 날아와서 사자를 구해 준다며 사자의 입을 크게 벌리도록 했다.

황새는 사자의 입속으로 머리를 넣어 목구멍에 걸려 있던

뼈를 긴 부리로 뽑아냈다.

그런 다음 황새가 말했다.

"사자님, 당신은 어떤 상을 주시겠습니까?"

사자는 버럭 화를 내면서 이렇게 말했다.

"넌 내 입속에 머리를 넣었다가 살아서 나온 것만으로도 큰 상이다. 넌 그런 위험한 처지를 당하고도 살았다. 이것을 남들에게 자랑한다면 이보다 더 큰 상이 어디에 있겠느냐?"

이처럼 은혜를 모르는 사람에게 그때의 일을 두고두고 원망할 필요는 없다.

**업무적인 세계에 있어서도 이쪽에서 돌보아 주는 일이 허사가 되지 않도록 항상 도덕심을 가진 사람과 손을 잡아야 한다. 또한 자신이 도움을 받기 전에 먼저 상대를 배려하는 기술이 필요하다. 이런 배려심은 이중으로 장점이 있다. 그리고 순수하게 베푸는 은혜는 보다 깊은 감동을 준다. 정치를 하는 사람은 바로 이 점을 출세의 계기로 삼아야 한다. 주변에는 항상 호의를 베푸는 사람만 있는 것은 아니다. 진정한 친구 사이에는 호의를 기쁜 마음으로 받아들이고, 또 기쁘게 베푸는 일이 지극히 자연스럽다.

은혜란 그것을 베푸는 쪽에서는 형편이 좋을 때 받을 수 있는 약속어음이고, 기간을 잘 지키면 큰 이익이 돌아온다. 그러나 도덕심이 없으면 당연히 이런 관계는 성립되지 않는다. 도덕심이 없는 사람에게는 이 담보물에 책임을 느끼기는커녕 구속감을 느끼기 때문이다.

발타자르 그라시안

돈의 가치

  유태인은 금전을 좋은 것이라고도 나쁜 것이라
고도 하지 않는다. 돈이 있는 편이 없는 편보다 인
생에 있어서 여러모로 많은 기회가 주어지기 때문
이다.

✳✳ 돈은 무자비한 주인도 되지만, 유익한 심부름꾼도 된다

유태인들은 본디 기독교도들처럼 돈을 멸시하거나 죄악시 하지 않는다.

돈은 쓰기에 따라서 좋게도 되고 나쁘게도 된다. 따라서 돈 자체는 책임이 없다. 어쩌면 돈은 갖가지 기회를 제공한다.

✳✳ 돈은 기회를 제공한다

유태인은 금전을 좋다거나 나쁘다거나 이러쿵저러쿵 말을 하지 않는다.

돈이 있는 편이 없는 편보다 인생에 있어서 여러모로 많은 기회가 주어진다.

✳✳ 돈은 저주도 악도 아니며, 인간을 축복하는 것이다

※※ 결코 돈은 모든 것을 좋게 하지 않는다. 그렇다고 모든 것을 나쁘게 하지도 않는다

돈은 하나의 도구일 뿐이다. 그러므로 돈이 인생에 있어 희망이라든가, 모든 악이라든가 하는 것은 잘못된 생각이다. 돈은 사람에게 있어서 수단이지 목적은 아니다.

※※ 사람답다는 것은 돈에 지배를 당하지 않고 스스로 돈을 지배하는 것이다

사람은 지구상에서 가장 강하다. 창세기에 따르면 하나님은 사람에게 땅를 지배하게 하였다. 그러니 돈은 보다 나은 세상을 만들도록 지배되어야 한다.

※※ 사람 아래 돈이 있는데 대부분의 사람들은 그렇게 생각하지 않는다

대부분의 사람들은 돈을 공공연히 사람보다 위에 있는 것으로 생각한다. 그러나 이것은 잘못된 생각이다. 돈이란 쓰기에 따라 높고 낮음의 처지를 달리하는 것이다.

❋ 돈은 소홀히 생각해서도 안 되고 꺼리거나 무서워해서도 안 된다

돈을 더러운 것으로 여겨 무덤덤해 하거나 소홀히 하는 사람들이 있다. 이 또한 돈을 두려워하는 것에 불과하다.

❋ 돈지갑이 두둑하다고 해서 꼭 보기 좋다고 말할 수 는 없다. 그러나 텅 빈 돈지갑보다는 낫다

- 세상에서 가장 무거운 것은 텅 빈 돈지갑이다.
- 물건이 가득 차있는 자루보다 빈 자루가 더 무겁다.
- 성서는 빛을 주고, 돈은 따스함을 준다.
- 육체는 마음에 의지하고, 마음은 돈지갑에 의지한다.

** 부자는 자식이 없고 상속인만 있다

긴 세월 동안 돈은 금이나 은 같은 금속으로 만들어졌기 때문에 본디 찬 것이다. 그래서 경화(금속으로 만든 화폐)는 여름에도 차갑다.

가난한 사람에게는 돈이 귀해서 돈 자체에 사람의 온기가 있다. 이처럼 가진 사람에 따라 따뜻해지기도 하고 차가워지기도 한다.

부자들은 금이나 은의 찬 기운이 온 가족에게 퍼져 있어 늘 피나 마음이 차가운 것이다. 따라서 자식이 있어도 그것은 자식이 아니라 상속인인 것이다.

** 가난한 사람으로부터 돈을 꾸는 것은 못난 여자와 키스를 하는 것이나 다름없다

유태인의 속담은 돈을 꾸어 주는 법이나 꾸는 법을 가르치기 보다는 돈 꾸는 자체를 좋게 생각하지 않았다.

유태인은 중세기의 기독교도와 달리 돈을 더럽지도 멸시하지도 않는다. 따라서 꿔 준 돈에 대한 이자는 죄악이 아니다.

중세기 유럽에는 유태인들이 돈놀이를 많이 했다. 그것은 기독교가 신자들 상호간에 이자를 받지 못하도록 금지했기 때문이다.

** 많은 재산을 갖고 있으면 걱정거리도 그만큼 생긴다. 그렇다 해도 전혀 재산이 없으면 재산이 있는 것보다 더 많은 걱정거리가 생긴다

 기독교도는 돈이나 부를 왜 치부하는 것일까? 청빈은 기독교도의 미덕으로 돈이나 섹스의 유혹을 얼마만큼 물리치느냐가 자랑거리이다.
 이것은 부나 쾌락을 두려워하는 것인데, 부나 쾌락을 지나치게 밝히면 자신을 따르지 않을까 하는 염려 때문이다.
 그러나 유태인은 항상 지나침의 경계를 율법에서 찾는다. 따라서 부와 쾌락을 조금도 두려워하지 않고 지배할 수 있는 것이다.

 '바닷물에 들어갔을 때에는 바닥에 발을 꽉 딛고 서 있어야 물결에 휩쓸리지 않는다. 만약 그 발이 흔들리면 물결에 발을 빼앗겨 버린다.'고 탈무드는 말한다.

※※ 당신이 가지고 있는 것을 필요로 하는 사람에게 파는 것은 비즈니스가 아니다. 당신이 가지고 있지 않은 것을 필요로 하지 않는 사람에게 파는 것이 비즈니스이다

엽총을 가지고 싶어하는 에스키모에게 자기가 가지고 있는 것을 파는 것은 진정한 비즈니스가 아니다. 그와 같은 일은 누구라도 할 수 있다.

진정, 비즈니스란? 당신이 제빙기를 가지고 있지 않은데도 제빙기를 전혀 필요로 하지 않는 에스키모(Eskimo)에게 몇 대고 파는 것이다.

※※ 비즈니스맨의 도는 엄격하다

유태인들은 중세 유럽에서 오랜 동안 정규직을 구할 수 없었다. 그러니 많은 유태인은 거리로 나가서 중계인이 되었고 그들은 엄격한 비즈니스로 단련되었다.

유태인 거리에서는 구하기 힘든 물건을 판 후에도 급히 서둘러 똑같은 물건을 찾아다닌다는 우스꽝스런 이야기가

236

있다. 이처럼 능력이 있는 대다수의 비즈니스맨은 이런 식으로 커 왔던 것이다.

∗∗ 돈이란 벌기 쉽다. 그러나 쓰기는 어렵다

누구든 돈을 버는 데에 있어서 자기 나름대로의 방법이 있다. 그러나 돈 쓰는 방법을 아는 사람은 별로 없다.

돈을 가지는 것은 좋은 일이지만 올바르게 쓰는 법을 아는 것은 더더욱 중요하다.

돈이 전부가 아니라는 것쯤은 누구나 다 아는 사실이다. 사람들은 그렇게 알고 그렇게 말을 한다. 그렇게 말하지 않으면 돈에 대한 우월감을 가질 수 없다.

∗∗푼돈을 경계하라. 작은 구멍이 큰 배를 가라앉힌다.

프랭클린

❊❊ 돈이란 좋은 것도 나쁜 것도 만능도 아니다

  돈에 대한 결정은 돈을 가진 사람이 하는 것이다. 대부분의 국가에서는 돈을 동그랗게 만든다.

  유태인의 속담에는 이런 것도 있다. '돈이란 이쪽으로 굴러 오는가 싶으면 저쪽으로 굴러 간다.'

❊❊ 돌 같은 마음도 황금 망치로 열 수 있다

  이것은 돈의 힘을 말하는 것이다. 사람이 사는 사회에서 돈이 가지고 있는 힘은 크다. 또한 집안에서도 마찬가지이다.

  돈이 있는 가정은 평화가 깃들 수 있겠지만, 돈이 없는 가정은 불화가 생길 가능성이 높다. 이것은 어느 사회나 공통적이다.

  누구나 돈은 중요하다고 생각한다.

  사람이 동물과 다른 점은 돈을 걱정한다는 것이다.

※※ 부자를 칭찬한다는 것은 사람을 칭찬하는 것이 아니라 돈을 칭찬하는 것이다

사람이 돈이나 권력을 가지고 있거나 높은 지위에 있는 사람을 떠받든다는 것은 그 사람을 존경하는 것이 아니라 그 사람이 가지고 있는 돈과 권력, 지위에 대한 경의를 표하는 것이다.

※※ 가난은 수치가 아니다. 그렇다고 가난이 명예도 아니다

동양이나 기독교처럼 유태 사회는 '청빈'이라는 관념이 없다. 또한 금전을 선이라 생각하지도 않는다.

오직 돈은 기회를 제공하는 것이라고 말을 한다.

돈을 찬양해서는 안 되지만 무시해서도 안 된다.

우리는 기독교가 돈을 추악한 것으로 보고 있는데 이것은 잘못된 생각이다.

돈은 추악한 것도 아니고 아름다운 것도 아니다. 오직 사람이 사용하는 도구의 하나쯤 되는 것이다.

그렇기 때문에 돈이 없는 것을 청빈으로 생각하는 것은 아주 위험한 발상이다.

❋❋ 돈이란 선한 사람에게는 선한 것을 가져다주고, 악한 사람에게는 악을 가져다준다

돈은 그 자체로 좋은 것도 나쁜 것도 아니다. 그런데도 기독교도들은 늘 돈을 악이라 생각하고 죄가 많은 것으로 생각한다.

이와 같이 돈에 대한 생각은 유태인의 관점에서 보면 자신감이 없는 것이다.

기독교도는 육체나 돈이 사람을 지배하고 있다고 생각하기 때문에 돈에 대한 두려움을 가지고 있는 것이 아닐까?

✳✳ 돈은 사람에게 있어서 옷과 같은 구실뿐이 못한다

돈이 아무리 많더라도 돈이 사람의 본질을 바꿀 수는 없다. 이것은 아무리 비싸고 아름다운 옷으로 자신을 치장했다 하더라도 옷 속의 나를 바꿀 수는 없는 것과 같다. 곧 자신을 바꿀 수 있는 것은 나 자신뿐이다.

돈을 절대적으로 믿는 사람이 하찮게 보이는 것은 그가 물질을 숭배하고 있기 때문이다.

사람들은 절대적으로 자기가 믿는 것에 다가서려 하고 또한 그것에 빠져 버린다. 그러므로 물질만을 따르는 사람은 자신도 물질이 된다.

사람이란 돈을 위해 존재하는 것은 아니다. 사람이 옷을 위해 존재하지 않는 것처럼, 옷을 위해 존재한다면 사람은 옷걸이에 불과하다.

❋❋ 돈을 꾼다는 것은 가려운 곳을 손으로 긁는 것과 같은 이치이다

피부에 상처가 생기게 되면 곪아서 가렵다. 그것을 손으로 긁는다고 그것이 근본적으로 치료되는 것은 아니다. 긁었을 때야 당장은 시원할 것이다. 그러나 상처는 더 크게 남는다.

빚도 이와 마찬가지로 꿀 때에는 좋지만 갚을 때에는 괴롭다.

❋❋ 매춘부의 얼굴에 침을 뱉으면, 그녀는 비가 내린다고 말한다

매춘부는 '세상에서 가장 오래된 직업'이라고 말들을 한다. 성서에도 매춘부 이야기가 종종 나온다.

중세기 유태인 거리에도 매춘부가 많았다. 매춘부의 얼굴에 침을 뱉으면 그녀는 이렇게 말한다. '어머, 비가 내리네.' 이 말은 곧 매춘부가 돈을 위해서라면 어떤 일이든 한다는 의미이다.

❊❊❊ 돈이나 성관계는 더러운 것이 아니다

유태인은 금욕주의자도 아니다. 유태인에게는 청빈이라는 개념이 별로 없다. 그러나 젊어 고생은 사서 한다는 말이 있듯이 가난은 사정에 따라 유익하다는 것이 일반적인 생각이다.

물론 가난을 극복하고 성공했을 경우에만 해당된다. 만일 성공하지 못했을 경우에는 비참한 것이다.

젊은 시절 가난의 체험은 성공의 실마리를 푸는 절호의 기회이며 큰 힘이다. 따라서 가난으로부터 벗어나려는 충동만큼 강한 힘은 없다. 젊은 시절 가난은 고마워해야 할 일이다.

중년에 가난한 것은 불행한 일이다. 젊음은 원인이고 중년은 결과이다. 그러니 이와 같은 사실을 앞서 알았다면 젊었을 때 더욱 열심히 노력해야 할 것이다.

유태인은 돈이나 성관계를 더러운 것으로 생각하지 않는다. 아니, 오히려 인생에 도움이 되는 보배로 생각한다. 그래서 성을 죄악이라든가, 수치스러운 일로 보지 않는다. 그렇다고 그것을 미덕으로도 보지 않는다. 부족하지 않은 상태가 좋다.

특히 빈곤은 인간의 행복에 있어서는 크나큰 적이 된다. '나는 가난하지만 정신적으로 독립했다.'라고 생각했을 때 그 자체가 의외로 쉬운 일은 아니다.

성서에도 '지혜가 힘보다는 낫지만 가난한 사람의 지혜가 무시를 당하고, 그 지혜가 받아들여지지 않는다.'라고 씌어져 있다. 성서에 씌어진 이후로 오늘에 이르기까지 사회는 조금도 변한 것이 없다.

유태인 사회에도 직업 거지가 있었다는 사실이 믿기지 않겠지만, 실제 동유럽에는 개인이나 집단으로 형성된 거지들이 있다. 그들은 마을이나 도시에도 있는데 집집마다 찾아다니면서 구걸은 안 한다.

그곳의 거지는 하나의 직업으로 신의 허락을 받은 존재이다. 이처럼 그들은 자비를 받는 대상이었던 셈이다.

거지 중에는 대단한 독서가가 많았는데 탈무드를 통달한 사람도 적지 않았다. 그들은 예배당의 단골이기도 하며 교우의 한 사람으로서 토라(Torah: 유대교 경전.) 또는 탈무드의 토론에 참석하기도 했다.

그래서 그런지 탈무드에는 가난한 사람을 변호하는 취지의 격언들이 많이 실려 있다.

"가난하다고 해서 바보처럼 대하지 마라. 그들 중 학문이 높은 사람도 있는 법이다."

"가난한 사람을 업신여기지 마라. 그들의 옷 속에는 영지(영민한 지혜.)의 진주가 숨겨져 있다."

※※ 돈을 남에게 꾸어 줄 때에는 증인을 세워라. 그러나 조건이 없이 줄 때에는 남도 모르게 해라

어느 날 랍비 아시는 친구로부터 돈을 꾸었다.

그런데 친구가 말했다.
"증인과 함께 차용증을 쓰고 서명해 주게."

랍비 아시는 놀라면서 말했다.
"너는 날 믿지 못하냐? 난 율법을 오랫동안 연구한 율법의 권위자야."

그러자 친구가 말했다.
"바로 그 점이 염려되는 거야. 너는 율법만을 연구하고 율법에 몰두하다 보면 빚 따위는 잊어버릴지 몰라."

❊ 돈에 대한 격언

* 돈이 있으면 너는 네 자신을 모른다. 그러나 돈이 없으면 아무도 너를 모른다.
....
* 가난한 사람에게는 돈이 적다. 그러나 부자에게는 친구가 적다.
....
* 부자가 되는 방법의 하나는 내일 할 일을 오늘하고 오늘 먹을 것을 내일 먹는 것이다.
....
* 넉넉한 수입만큼 좋은 약은 없다.
....
* 돈을 꿀 때는 웃지 마라. 꿀 때 웃으면 갚을 때 울 것이다.
....
* 고깃국을 먹고 빚쟁이에게 쫓기듯이 다닐 바에야 차라리 시래기 죽을 먹고 당당히 다니는 편이 낫다.
....
* 가난에 견딜 만한 미모는 없다.
....
* 사랑은 많은 일을 해내지만 돈은 더 많은 일을 해낸다.

* 어떠한 빚이라도 입구는 크게 열려 있으나 출구는 좁다.

* 빚을 갚지 않는 사람은 도둑질을 한 것과 똑같다.

* 꾼 돈을 갚는 것은 신용을 두 배로 높이는 것이다.

* 가난한 사람은 4계절 고생한다. 그것은 봄ㆍ여름ㆍ가을ㆍ겨울이다.

* 의사라도 가난은 고칠 수가 없다.

* 지식을 너무 많이 얻으면 늙지만, 돈을 많이 벌면 다시 젊어진다.

* 돈을 사랑하는 것만으로는 부자가 될 수 없다. 돈이 당신을 사랑해야 한다.

* 돈이란 갖지 못한 사람에게는 매우 소중해 보인다.

* 부자가 굶을 때에는 의사가 단식을 명령할 때이다.

* 인생에 필요한 것은 의식주와 돈이다.
....
* 현금은 가장 유능한 중개인이다.

**어리석은 사람과 사귀면 어느 날 순간적으로 당하거나 나쁜 일에 말려들기 십상이다. 그런데 어리석은 사람을 알아보지 못하는 사람 또한 어리석은 사람이다. 상대방이 어리석은 사람인 줄 알면서도 계속 사귀고 있는 사람 역시 어리석은 사람이다.

어리석은 사람과 사귀는 것은 위험 천만한 일이다. 그런 사람을 믿었다가는 큰 봉변을 당하게 될 것이다.

처음 얼마 동안은 어리석은 사람도 주의하고 이쪽에서도 조심하기 때문에 별 무리가 없다. 그러나 결국에는 그 어리석음이 공공연히 드러나게 되고 바보짓을 저지르게 되는 것이다.

빛과소금

    절정의 행복을 누리는 사람이 고난의 나락으로 떨어지는 것은 일순간이다. 그렇지만 불행한 사람이 행복을 얻으려면 평생 걸려야 할지도 모른다.

✳✳ 남을 행복하게 해주는 것은 향수를 뿌리는 것과 같아서, 뿌리는 중에 자기에게도 몇 방울 떨어진다

친절이나 선행을 베풀어 사람을 기쁘게 하면 자신도 기뻐지는 것이다.

어떤 유태인 가정이든 어릴 적부터 저금통이 있다. 이 저금통은 남을 돕기 위한 자선용인데, 살만한 사람은 수입에 5분의 1을 내야 하지만 일반 가정은 10분의 1이다. 물론 가난한 사람은 도움을 받는다.

유태인들은 유태인을 모두 형제로 생각한다. 그러므로 형제가 어려울 때에 돕는 것은 당연한 일이다. 그렇다고 해도 탈무드는 남의 도움에 의존하여 사는 것을 경계하고 있다.

✱✱ 언제나 이보다 더한 불행이 있다고 생각해라

어느 마을의 가난한 사람이 눈물을 글썽이며 랍비에게 호소했다.

"랍비님, 우리 집은 허름하고 작은데다 자식은 많고 아내는 악처입니다.

아마도 이 마을에서 제일가는 악처일 겁니다. 저는 어떡하면 좋을까요?"

유태교는 기독교와 달라서 이혼이 허용된다.

부부 생활을 더 이상 할 수 없다면 랍비의 허락으로 이혼이 가능하다.

랍비가 물었다.

"산양을 기르고 있는가?"

"물론입니다. 유태인으로 당연히 산양을 기르고 있죠."

"그렇다면 산양을 집 안에서 기르게."

가난한 사람은 의아한 표정으로 돌아갔다.

다음날 다시 찾아와서 말했다.

"랍비님! 더는 참을 수가 없습니다. 악처에다 산양까지, 더는 못 참겠습니다."

랍비가 물었다.
"닭을 기르고 있는가?"
"물론입니다. 닭을 기르지 않는 유태인이 어디에 있습니까?"
"그럼 닭을 몽땅 집 안에서 기르게."

가난한 사람은 또 다음날 찾아왔다.
"랍비님! 이젠 더 이상 참을 수가 없습니다."
"그렇게도 괴로운가?"
"아내에다, 산양에다, 닭에다, 오! 하나님."
"그러면 산양과 닭을 집 밖으로 내보내고 내일 또 한 번 오게."

가난한 사람이 다시 랍비를 찾아왔다.

이번엔 마치 황금의 산에서 내려온 사람처럼 만족스런 얼굴에 두 눈이 반짝였다.

"랍비님, 산양과 닭을 집 밖으로 내보냈습니다. 이제 집 안은 궁전과 같습니다."

❋❋ 이미 끝난 일을 후회하기보다는 꼭 해보고 싶었던 일에 대하여 후회하라

이미 끝난 일을 후회하는 것과 꼭 해보고 싶어하는 것 중 어느 쪽이 더 미련이 클까?

노인들에게 물어본다면, 열 명이면 열 명 다 해보고 싶었지만 못 해본 쪽이 더 후회가 크다고 말할 것이다.

사람은 실패로 인하여 큰 것을 잃는다 해도 그때마다 그것과 맞먹을 만큼의 큰 교훈을 얻게 된다. 하지만 해보고 싶었던 것을 하지 못했다면 그것은 가능성을 완전히 상실한 것이나 다름없다.

실패에는 한계가 있지만 가능성에는 한계가 없다. 이런 생각은 사람의 본성이라 할 수 있는 낙관적인 힘이 작용한 것이다. 이처럼 모든 진보는 가능성을 믿는 낙관에서 비롯된 것이 아닐까?

실패는 경험이 된다. 실패는 성공의 밑거름이라 할 수 있다. 실패를 후회한다 해도 경험과 교훈을 얻었기 때문에 가능성을 묻어 버리는 것보다는 후회가 덜한 것이다.

실패는 성공의 밑거름에 쓰이나, 하지 않았다는 것은 가능성이라는 토양 그 자체를 잃어버린 것과 같다.

❋❋ 명성을 얻는 사람이 되라

사람은 좋아하는 것을 두려워해서는 안 된다.

돈 · 술 · 섹스 따위에 매력을 느끼는 것은 위험한 일이다. 그렇기 때문에 이런 것을 어떻게 대하느냐에 따라서 사람의 됨됨이가 평가된다.

명성도 이와 마찬가지이다. 확실히 사람은 명성을 얻어야 한다.

사람들로부터 '저 사람' 하고 일컬어질 만한 명성을 얻지 않으면 곤란하다. 이것은 사람으로서 무시당하는 일만큼 굴욕적인 것은 없기 때문이다.

다시 말해 남에게 존재를 인정받는다는 것은 그만큼 생활의 안정과 발전에 보탬이 된다.

✳✳ 행복은 행복할 때 느끼지 못한다

사람은 행복하지 않은 이상 만족하지 않는다. 이것은 누구나 다 아는 사실이다.

그렇다면 행복은 무엇인가?

우리는 건강할 때에 건강한 것에 만족하지 못한다. 그렇지만 건강을 잃었을 때 건강을 찾기 위해 기도한다.

병이 들면 통증과 고통을 몸으로 느낄 수 있다. 건강은 몸으로 느낄 수 없다.

이와 같이 행복도 행복할 때 느끼지 못하는 것이 아닐까? 건강을 잃었을 때 사람은 아픔이나 괴로움을 알게 된다.

이처럼 건강을 잃고 난 후에야 **"나는 행복했었다."**라고 말하는 것이다.

❋❋ 행복에서 불행으로 바뀌는 데는 순간이지만, 불행에서 행복으로 바뀌는 데는 오랜 시간이 걸린다

 누구든 행복의 절정에 있다고 해도 고난의 나락으로 떨어지는 것은 순간이다.

 불행한 사람이 행복을 얻는 것 또한 평생을 걸려야 할지도 모른다. 욕망이 너무 커서 쉽게 만족할 리도 없다.

 그렇기 때문에 자기의 주변 환경에 만족할 줄 알아야 한다. 그런 사실을 평생 깨닫지 못하는 경우도 있다.

❋❋ 사람을 천지 창조의 마지막 날에 만든 것은 오만을 경계하려는 것이다

 성서에 의하면 하나님은 빛과 어둠, 하늘과 땅, 물과 바다 등 모든 생물과 식물을 만들고 나서 최초의 사람인 아담을 만들었다.

 사람을 만든 것은 6일째 되는 날이다. 7일째에 하나님은 휴식을 취했다. 이것이 안식일의 유래이다.

 고대의 랍비들이 궁금해 하는 것은 어째서 하나님이 사람을 마지막으로 만들었을까? 탈무드는 이에 대한 각자의 생각을 모아 정리했다.

오늘날의 브레인스토밍(Brainstorming)에 해당된다고나 할까.

하나님은 사람에게 겸허함을 가르치려고 맨 마지막 날에 만들었다는 것이 정설이다.

즉 자연에 대해 겸허한 마음을 갖도록 한 것이다.

✳✳ 하늘과 땅을 웃게 하려면 고아를 웃게 해라. 고아가 웃으면 하늘과 땅이 웃는다

고아란 불행을 상징한다. 불행한 사람에게 웃음을 주면 온 세상이 밝아진다는 뜻이다.

이처럼 아주 작은 것에 대한 배려의 웃음이 세상을 밝게 한다. 유태인들 사이에서는 친부모가 죽어도 1개월 이상 슬퍼해서는 안 된다. 유태의 신은 명랑함과 즐거움과 웃음을 좋아하기 때문이다.

'법원에다 과태료를 내고 나온 후엔 휘파람을 불어라.'
'죄를 언제까지나 뉘우쳐서는 안 된다.'
왜냐하면 죄의식에 빠져 있으면 하나님을 섬길 수 없기 때문이다.

✳✳ 낙관은 자기 자신뿐만 아니라 남들도 밝게 한다

'비관은 좁은 길이지만 낙관은 넓은 길이다.' 왜냐하면 낙관은 많은 것을 받아들일 수가 있고, 비관은 모든 것을 거부하기 때문이다.

낙관은 관용이기도 하다.

낙관에는 포용력이 있다. 그러므로 낙관은 자신을 포함해서 착한 사람이나 악한 사람에게도 다시 설 수 있는 힘을 준다.

❋❋ 일생을 울고 지내서도 안 되고, 웃고 지내서도 안 된다

인생은 밸런스(Balance)인 것이다.

하루 내내 울거나, 화만 내거나, 좋아만 하거나, 웃기만 하면 안 된다.

유태인은 광신도를 꺼려한다. 그것은 정진을 위해 가족을 돌보지 않거나, 금욕하는 것과 같이 맹목적인 사람은 행복할 수도 없고 사람답지도 못하기 때문이다.

※※ 어차피 먹을 거라면 맛있게 먹는 편이 낫다

햄은 유태인에게 있어 엄격하게 금지된 식품이다. 그래도 꼭 햄을 먹어야만 할 상황이라면 괴롭게 먹기보다는 즐겁게 먹는 편이 낫다는 것이다.

※※ 신은 사람의 지식보다 마음을 먼저 본다

사람은 마음에 의해서 평가된다. 무엇보다도 우선하는 것이 착한 마음씨이다. 그리고 다음이 지식이다.

아무리 학식이 풍부한 대학자일지라도 마음이 가난하면 착한 마음씨를 가진 노동자만도 못한 법이다.

대단한 가문도, 가난하지만 착한 마음씨를 가진 집안만 못하다.

탈무드는 이렇게 말하고 있다.

'탈무드 전체를 암기하는 것보다 작은 덕을 쌓는 편이 훨씬 낫다.'

'지혜가 덕보다 중요하다고 생각하는 사람은 결국 지혜마저 잃

어버린다.'

✳✳ 오늘 일어날 일도 모르는데, 지나치게 내일을 걱정하지 마라

사람의 능력으로는 앞날을 알지 못하기 때문에 낙관과 비관이 생기는 것이다.

지나친 낙관과 비관은 자기의 앞날을 완벽하게 아는 것처럼 착각한다.

결코 사람은 지나치게 낙관이나 비관을 할 만큼 위대하지 못하다.

사는 동안에 저 사람은 운이 좋았다든가 나빴다든가 하는 말을 한다. 이 말이 나온 것은 앞으로 일어날 일에 대하여 전혀 예측이 불가능하기 때문이다.

그러니 항상 즐거운 인생을 위해 노력할 필요가 있다.

※※ 매일 조금씩 자살하는 사람은 이 세상도 저 세상도 발붙일 곳이 없다

매일 조금씩 자살을 한다는 것은 지나치게 많은 고민과 후회로 활력을 잃는 것이다. 서서히 정신과 육체를 무너뜨려 결국 인생을 망치게 된다.

유태인은 매일 즐겁게 생활하라는 가르침을 받는다. 사람은 매일 새로운 기회가 생기고 새로운 기회로 인하여 새로운 도전에 충만해 있다.

다시 말해 하루하루가 다르다는 것이다. 따라서 지나치게 비관도, 후회도, 고민도 하지 말아야 한다. 그렇게 하는 사람은 매일 조금씩 자기를 죽여 가는 정반대의 생활을 한다.

유태인의 세계에서 자살만큼 큰 죄는 없다. 자살을 한 사람은 장례를 치르지 않는다. 묘지 또한 만들지 않는다. 그렇게 한다는 것은 유태인 사회로부터 완전히 흔적을 지운다는 의미이다.

매일 자기를 조금씩 죽여 가는 사람은 이 세상을 즐기지 않으므로 이 세상에 산다고 볼 수 없다.

자살하는 사람은 전혀 흔적을 남기지 않기 때문에 저승에 가서도 발붙일 곳이 없다. 그래서 그런지 유태인들은 자살이 별로 없다.

✻✻ 사람이 죽어서는 벌레에게 먹히겠지만, 살아서는 걱정에 먹힐 수도 있다

걱정이 지나치면 정신뿐만 아니라 건강도 해친다.

모세는 친구로부터 100코펙(kopeck: 러시아를 비롯한 구소련 권역의 화폐 단위.)을 꾸웠다. 갚을 기한이 지났으므로 어떤 일이 있어도 다음날 아침에는 꼭 갚아야 했다.

모세는 단 한푼의 코펙도 없었다. 모세는 묘안이 없자 고민에 빠져 잠을 못 이루고 뒤척였다. 결국 침대에서 벌떡 일어나 방안을 서성였다.

아내는 침대에서 말했다.

"여보 대체 뭘하고 있어요? 그만 주무세요."

모세는 아내에게 친구의 빚을 갚아야 하는데 단 한푼의 코펙도 없다는 것을 말했다.

그러자 아내는 말했다.

"당신은 참 바보로군요. 오늘 밤잠을 못 이루고 서성일 사람은 당신의 친구잖아요."

❋❋ 포도송이는 크면 클수록 아래로 매달린다

솔로몬 왕은 어느 날 주님이신 하나님으로부터 아주 큰 선물을 받았다.

그것은 양탄자인데, 그것을 타면 하늘을 날아 어디든지 갈 수가 있었다.

하루는 솔로몬 왕이 이 양탄자를 타고 전과 같이 날고 있었다. 그런데 지상으로부터 개미들의 이야기가 들려 왔다.

여왕개미는 다른 개미를 향해 이렇게 말했다.

"솔로몬 왕이 위로 날고 있다. 모두 숨어라."

그 말을 들은 솔로몬 왕은 아래로 내려가서 여왕개미에게 이렇게 말했다.

"왜 넌 모든 개미에게 숨으라고 했느냐?"

그러자 여왕개미가 말했다.

"그건 당신 스스로를 세상에서 제일 위대하다고 여기기 때문입니다. 그런 사람은 아주 무섭습니다."

솔로몬 왕은 웃으면서 말했다.

"너는 요만큼 작다. 그리고 내가 하늘을 높이 나는 만큼 너는 나를 수가 없다."

그러자 여왕개미가 말했다.

"그렇게 말씀하신다면 당신의 양탄자에 나를 태워 주세요."

솔로몬 왕이 양탄자에 여왕개미를 태우고 하늘을 높이 날

자, 여왕개미는 솔로몬 왕의 머리 위로 날아다녔다.

"보세요. 내가 더 높이 날잖아요."

❋❋ 사람들은 돌에 걸려 넘어지게 되면 우선 돌을 탓하게 된다. 그리고 돌이 없으면 언덕 탓으로 돌린다. 언덕이 없으면 자기가 신고 있는 구두 탓을 한다. 이렇듯 사람들은 언제나 내 탓으로 돌리지는 않고 남의 탓으로 돌린다.

누구나 자기 탓으로 돌린다는 것은 쉬운 일이 아니다.

설령 왕이라도 온 세상을 지배하고 있는 것은 아니다. 크게 보면 사람들은 공동생활을 영위하고 있다. 그러므로 서로가 양보하지 않는다면 공동생활은 성립되지 않는다.

자기가 틀렸는데도 그것을 정당화하려면 다른 누군가를 틀린 것으로 조작해야만 한다.

'나는 언제나 옳고, 남들은 언제나 그르다.'라고 모든 사람들이 말을 한다면 사회는 어떻게 될까?

사람들은 안타깝게도 이와 같은 함정에 빠지기 쉽다. 그러므로 사람들은 서로가 겸허해야 되고, 잘못은 솔직히 인정해야 한다.

✳✳ 잡초든 녹이 슨 쇠든 가치가 있다

정원에서 농부가 잡초를 뽑고 있었다. 허리는 몹시 아팠고, 얼굴에서는 구슬땀이 흘렀다.

"이 지긋지긋한 잡초만 없었다면 좀 더 정원이 깨끗할텐데 어째서 신은 이와 같은 잡초를 만들었을까."

그는 신을 원망했다. 그러자 마당의 구석진 곳에 버려진 잡초가 농부에게 말을 했다.

"당신은 나를 지긋지긋한 존재라고 말을 하지만 나도 할말이 있어. 당신은 느끼지 못하겠지만 우리도 도움이 된단 말이야.

우리는 흙 속에 뿌리를 내려 흙을 뭉치게 하지, 우리를 뽑아 버리면 흙은 갈라지고 말거야.

비가 내릴 때에는 흙이 떠내려 가는 것을 막아 주고, 건조한 때에는 바람에 날리는 모래나 먼지를 막아 주지. 이처럼 우리는 당신의 정원을 훌륭하게 지켜 온 거나 다름없어.

만일 우리가 없었더라면 당신이 꽃을 가꾸기 위해 노력한들 비가 흙을 쓸어 내고, 바람이 흙을 날려 버릴 거야. 꽃이 아름답게 피어날 때 우리의 수고를 기억해 줘."

이 말을 들은 농부는 허리를 세우고 이마의 땀을 닦았다. 그리고 미소를 지었다. 그 후로 농부는 잡초를 소홀히 하는 법이 없었다.

녹이 슨 쇠라고 해서 가치가 없다고 생각할지 모른다. 그러나 그렇지도 않다.

신의 창조는 날로 발전한다. 사람도 이런 창조 행위를 따라간다.

자연의 법칙에 의하면 우리도 매일 새로 태어난다. 지식과 유행도 매일 변해 가는 것과 같이 세계는 시시각각으로 창조 행위가 진행되고 있다. 다시 말해 창조적인 역할에 사람도 한몫 끼어든 셈이다.

우선 창조를 위해서는 낡은 것이 소멸되어야 한다. 새로운 것이 나타나게 되면 낡은 것이 사라진다.

녹이 슨다는 것은 낡은 것이 없어지고 새로운 것이 만들어진다는 것과 같다.

만일 소멸되지 않는다면 이 세상은 잡동사니로 가득찰 것이다.

사람도 녹슨 것과 비슷한 현상을 보인다. 우리는 오래 전에 있었던 일을 망각하기 때문에 과거의 기억을 간직하지 않아도 된다. 그래야만이 새로운 문제를 분명하게 인지할 수 있다.

나이가 들면 치아는 물론 기억력도 나빠진다. 신은 나이 든 사람에게 기억력을 약화시켜 편안함을 주고, 부드러운 것이 노인의 몸에 맞도록 치아를 약하게 한 것이 분명하다.

✳✳ 비누로는 몸을 씻고 눈물로는 마음을 씻는다

'천국의 한 자리는 울 수 있는 사람을 위해 마련되어 있다.'

'울 수 없는 사람은 즐길 수도 없다.'

'우는 것을 부끄러워하는 사람은 기쁠 때에도 진정 기뻐하고 있는 것이 아니다. 기뻐하는 체하는 것이다.'

'울고 난 후에는 기분이 맑아진다. 신은 마치 마른 영혼에 비를 내리듯이 사람에게 눈물을 주셨다. 정말 애타게도 기다렸던 비가 밭에 내려 땅이 젖고, 싹이 트고, 신록이 우거지게 되는 것처럼 마음도 이와 마찬가지이다.'

현대 사회가 기계화로 인해 가장 위협을 받는 것은, 눈물을 무익하고 부끄럽게 생각하는 일이다. 사람들은 남을 위해서 또는 자신을 위해서 울 때는 울어야 한다.

※※ 사람은 강철보다도 강하지만 벌레보다는 약하다

 사람은 쇠를 마음대로 다룰 수 있어 강해 보이지만, 작은 벌레일지라도 물리면 병석에 눕게 된다.
 이렇듯 사람은 만능인 듯이 강해 보이지만, 하찮은 벌레보다도 약하다는 것을 깨달아 오만에 빠지지 말라는 것이다.

※※ 저지른 행위는 오래 남는다. 그러나 나날이 개선된다

 성서에 있는 유명한 말처럼 **'죄는 미워하되 사람은 미워하지 마라.'**
 이 말은 곧, 죄를 저지른 것에 대하여 미워할 수는 있다. 그렇다고 해도 그 사람이 죄를 저지른 후로 달라질 수 있으니 그 사람 자체를 미워해서는 안 된다는 말이다.

 '날마다 새로운 일이 발생하는데 이것은 하나님의 선물이다.

사람도 매일 태어난다. 그러므로 단념해서는 안 된다.'

이처럼 성서는 사람에게 무한한 신뢰를 보내며 모든 것에 낙관적이다.

✳✳ 항상 자신의 결점을 열심히 찾는 사람은 남의 결점을 볼 수 없고, 항상 남의 결점을 열심히 찾는 사람은 자신의 결점을 볼 수 없다

'세상에서 가장 불행한 사람은 자신을 지나치게 의식하는 것이다.'

자기의 실패에 대하여 남이 항상 비웃고 있다는 생각을 하는 사람은, 자기를 24시간 주시하고 있다는 착각에 빠진다. 그렇게 자신을 착각하는 사람은 역겨울 정도로 자기중심적이다. 또한 오만한 것이다.
남들은 자기를 기억하지 못한다. 관심도 없다. 그런 의식은 일반적으로 불행할 뿐이다. 이와 반대도 다를 것이 없다.

✳✳ 최고의 지혜는 친절함과 겸허함이다

어느 날 랍비에게 경건한 사람이 찾아왔다.

"나는 하나님을 위해 온갖 정성을 다해 왔습니다. 그러나 돌아
보면 난 아무것도 달라진 게 없습니다. 나는 전과 다를 바가 없는
시시껄렁하고도 무식한 사람입니다."

랍비는 이 말을 듣고 기뻐했다.

"당신에게 천만 번 축복을! 당신은 전과 다름없이 시시껄렁하
고도 무식하다고 말했는데 당신은 큰 예지와 겸허한 태도를 깨
닫게 된 것이오."

그럼 대체 겸허란 무엇인가?

자기를 내세우지 않고 상대가 말하고자 하는 것을 인정해
주려는 마음이다.

겸허와 친절은 비슷한 것이다. 겸허해지지 않고서는 친절
할 수 없고, 친절하지 않고서는 겸허할 수가 없기 때문이다.

❋❋ 선행의 가치에 있어 남이 시켜서 하는 선행은 스스로 하는 선행의 절반밖에 안 된다

어느 날 눈먼 거지가 거리의 길모퉁이에 앉아 있었다. 그곳으로 두 사람이 걸어갔다.

거지에게 한 사람은 동전을 주었고 한 사람은 주지 않았다. 때마침 거기에 저승사자가 와서 두 사람에게 말했다.

"이 불쌍한 거지에게 동전을 준 사람은 앞으로 50년 동안은 나를 두려워하지 마라. 그러나 돈을 주지 않은 사람은 곧 죽을 것이다."

그러자 동전을 주지 않았던 사람은 당황한 듯 말을 했다.
"지금 당장 그 거지에게 동전을 주겠습니다."

그러자 저승사자는 이렇게 말했다.
"아니다. 배를 타고 바다로 갈 때, 그 배의 바닥에 구멍이 났는지 안 났는지를 이미 떠난 후에야 알아보겠는가?"

✳✳ 해가 지면서 하루는 시작된다

하루라고 하면 보통 아침부터 밤이 되기 전까지를 말하는데 유태인 사회에 있어서는 그와 정반대이다. 유태인이 훌륭히 살아남게 된 비결도 아마 여기에 있을런지 모르겠다.

유태인의 하루는 일몰부터 시작된다.

한 가지 예로 안식일 행사는 금요일 일몰 때부터 시작하여 토요일 일몰 때에 마친다. 이처럼 하루라는 관념에서 보더라도 유태인의 특성이 잘 나타나 있다.

탈무드에서 보듯이 랍비들은 어째서 하루의 시작을 일몰시부터 정했느냐에 대한 논쟁을 벌리곤 한다.

그들의 마지막 결론은 밝아져서 시작하고 어두울 때 끝내는 것이 아니라, 어두워져서 시작하고 밝아질 때 끝내는 편이 더 낫다는 것이다. 물론 탈무드를 공부하지 않은 사람은 이해하기 힘들다.

이러한 생각은 인생에 있어서도 마찬가지이다. 이것은 아마도 유태인의 낙관적 인생관을 뜻하는 것인지도 모르겠다.

유태인은 모든 일에 낙관적이다. 따라서 시간이 지나면 반드시 좋은 결과가 오리라고 믿는다. 그들은 좋은 결과를 얻기 위해 많은 노력을 한다. 어떤 역경에 처하더라도 포기하는 일 없이 항상 희망을 갖는다.

희망은 장래를 자기 것으로 만드는 유일한 도구이다. 희망을 버리지 않는 한 인생은 장래라는 꼬리를 잡고 있는 것이나 다름이 없다. 그곳으로부터 절대 손을 떼어서는 안 된다. 희망을 송두리째 끊는다는 것은 죽음과 같기 때문이다.

인생에는 세 개의 문이 있다고 생각한다.

그 **첫째**는 과거로 통하는 문이고, **둘째**는 현재로 통하는 문이다. 나머지 마지막 문은 미래로 통하는 문이다. 이 세 개의 문 가운데 어느 한 개의 문이라도 그 기능을 상실해서는 안 된다. 세 개의 문 안에는 반드시 보물 상자가 있다. 그런 희망을 가지고 노력하는 것이 인생이다.

훌륭하게 업적을 쌓은 노인이 사람들로부터 존경받는 것은 과거의 문 안에 보물이 있는 것이고, 한창 때의 청춘 남녀가 아름답게 보이는 것은 현재의 문 안에 보물이 있는 것과 다름없다. 또한 아이가 왜 사랑스러운가는 미래를 상징하는 보물이 있기 때문이다.

맑은 날이 있으면 흐린 날이 오게 마련이다. 인생에 있어 과거는 돌이킬 수 없는 것이다.

용기만 잃지 않는다면 자유로이 창조할 수 있는 미래가

있다. 절대 좌절을 해서는 안 된다. 실망하는 사람은 패배한 것이다.

** 낯선 사람에게 친절한 것은 천사에게 친절한 것과 같다

유럽의 유태인 거리에 유명한 랍비가 있었다. 아들도 그의 공경심 아래서 정직하게 자라났다.

하루는 아버지에게 애원하듯 말했다.
"성서에 나오는 현인이나 성인들을 만나고 싶습니다."

전설에 따르면 옛날에 죽은 사람들도 1년에 몇 번은 땅으로 돌아온다고 했다.

아버지는 조건을 붙여 약속했다.
"네가 공경심을 가지고 바른 생활을 하면 그분들을 만나게 해 주마."

그런 후로 아들은 매우 열심히 모든 것을 공경하며 올바르게 살았다.

한 달, 두 달, 반년이 지났다. 그러나 아버지 랍비는 현인
이나 성인들을 만나게 해 줄 아무런 대책을 취하지도 않았
다.

아들이 물으면 매번 똑같은 대답만 되풀이 했다.
"기다려라. 아침에 옳은 일을 했다고 해서 저녁에 모세(Moses)
를 만날 수는 없지 않느냐?"

어느덧 1년이 지났다.
아들은 날마다 기다렸다.

그러던 어느 날, 예배당으로 누더기를 걸친 거지가 찾아
왔다. 그는 하룻밤 신세질 것을 청했다.
"여기는 호텔도 식당도 아닙니다."
"그러면 밥이라도……."

이때 아들은 문전 박대를 했다.

그날 밤에 랍비는 평상시와 같이 물었다.

"오늘은 무슨 일이 없었느냐?"

아들은 거지가 찾아온 것을 쫓아냈다고 말했다.

아버지는 하늘을 쳐다보면서 탄식했다.
"그게 바로 네가 오랫동안 기다려 왔던 성서의 인물이다."

아들은 당황했다.
"아버지, 저는 평생 이날을 뉘우치며 살아야만 합니까? 어떻게 되돌릴 수는 없습니까?"

아버지 랍비는 말했다.
"아니다. 또 찾아올 것이다. 그러나 어떤 모습으로 오실런지는 모른다."

✳✳ 마음의 양식 12가지

* 두 다리 중 한 다리가 부러졌거든, 두 다리가 부러지지 않은 것을 고맙게 생각해라.
만일 두 다리가 부러졌으면 목이 부러지지 않았음을 고맙

게 생각해라.

....

* 노예라도 현재의 상태에 만족하고 있다면 자유로운 사람이다.

   그러나 자유인이라 할지라도 현재의 상태에 만족하지 못한다면 노예가 된다.

....

* 당신이 상대에게 복수를 한다면 뒤끝이 편하지 않고, 상대를 용서한다면 뒤끝이 편할 것이다.

....

* 부자는 신을 호주머니에 간직하려 하나, 가난한 사람은 신을 마음속으로 섬긴다.

....

* 사람들은 정작 자기가 가지고 있는 것을 소홀히 하고, 가지고 있지 않은 것을 갖고 싶어 한다.

....

* 남을 속이기보다는 자신을 속이기가 더 어렵다.

....

* 술 마시고 있는 시간을 헛된 시간으로 생각하지 마라. 그 시간에 당신은 마음을 쉬고 있는 것이다.

....

* 어찌할 도리가 없을 때에는 단 한 가지 방법이 있다. 그 것은 용기를 내는 것이다.

* 사람을 싫어하는 것은 가려운 곳을 긁는 것과 같다.

　왜냐하면 가려운 곳을 긁으면 더욱 더 가려워지고, 싫어하는 사람을 생각하면 더욱 더 싫어지기 때문이다.

....

* 사람들은 자신의 피부병은 더럽다고 생각하지 않고, 남의 피부병은 더럽다고 생각한다.

....

* 미래를 생각해야지 과거를 생각해서는 안 된다.

....

* 지나치게 후회해서는 안 된다. 그것은 올바른 용기가 손상을 입게 되기 때문이다.

교육의 가치

유태인은 살아 있는 한 끝까지 배운다. 그들은 배우는 것이 성스러운 임무이며 보람이라고 생각한다. 그래서 배우는 것을 매우 중요시 한다.

※※ 지식을 자랑하기 보다는 배우고자 하는 자세가 더 중요하다

 일반적으로 나이가 들게 되면 무엇인가를 배우려는 의지가 약해진다고들 한다. 그런데 이 말은 유태인에게 있어 합당치 않다. 사람은 늙어도 배울 수 있다. 배움으로 젊음을 되찾을 수 있다.

 청춘이란 단순히 나이로만 따지는 것이 아니라 태도가 중요하다. 자기보다 아랫사람에게 묻는 일을 부끄러워하지 않고 묻기를 좋아한다, 그러면 배움으로써 젊음을 유지하는 것이다. 근대 의학에 의해 충분히 입증된 것이지만, 유태인이 2000년 전에 쓴 책에도 그렇게 기록되어 있다.

 유태인은 살아 있는 한 끝까지 배운다. 그들에게 배움이라는 것은 성스러운 임무이고 보람이다. 따라서 배우는 것을 매우 중요시 한다.

 유태인은 천국으로 돌아갈 마지막 순간까지도 배움의 길을 걷겠다고 한다. 그 신념은 확고하다.

 아무리 위대한 교육자라도 배움을 중단하면 안 된다. 그것은 학문에 대한 왕도가 없기 때문이다.

※ 책은 지식을 주고 인생은 지혜를 준다

현대인들은 지식과 지혜가 다르다는 것을 잊고 있는 것 같다. 100년, 500년, 1000년 전과 비교하면 사람들이 가지고 있는 지식은 방대하고도 엄청나게 팽창했다.

그러나 탈무드를 비롯한 유태의 고전에 비하면, 인생의 지혜는 오히려 퇴보하고 있는 느낌이다.

유태인은 1주일의 하루인 안식일에 가족들이 모인다. 여기서 아버지는 성서나 탈무드를 자녀에게 가르친다. 이처럼 안식일은 가족의 날인 것이다.

오늘날에 와서도 유태인들은 특별한 일이 없는 한 안식일 만큼은 여행을 하지 않는다. 직장인 또한 가능한 한 외출을 자제한다.

교육에 있어 유태인이라면 학교라는 공공의 교육 시설보다는 가정을 먼저 떠올린다. 그만큼 가정에서의 교육을 중시한다.

다시 말해 학교에서는 지식을 배우지만, 가정에서는 지혜를 배우기 때문이다. 이렇듯 아이들의 생활 중심은 가정에 있다.

항상 유태인들은 말한다. 지혜가 탈무드를 낳고 지식이

미사일을 낳는다고…….

지식은 진보하더라도 지혜는 옛날과 변함이 없다. 5000년 지난 성서나 탈무드를 존중하는 것도 이 때문이 아닐까. 지식이 씌어져 있는 책과 지혜가 씌어져 있는 책은 확연히 다르다. 그러니 지식의 책과 함께 지혜의 책도 읽어야 한다.

※※ 이상이 없는 교육은 미래가 없는 현재와 같다

마르크스, 프로이트, 아인쉬타인 등등 세계를 바꾼 유태인들 중에는 과학의 정설을 크게 바꾸거나 사회를 개혁한 사람들이 많다.

그럼 유태인의 이상이란 무엇일까? 성서의 창세기에 유태인들은 신이 사람을 만들고 세상을 위임했을 때, 보다 나은 세상을 만들라고 하는 책임을 지운 것으로 안다.

이 성서의 세상은 정의가 이루어지는 세상이다. 사람들이 풍족하고 평등하여 평화에 충만한 세상, 신이 찬양받는 세상이다. 이것이 곧 정의이다.

이 가르침을 어릴 적부터 받고 자라서 강한 소망을 갖게 된다.

거의 모든 종교는 보수적이다. 그러나 유태교는 전통적인 가르침만이 옳다고 하지 않는다. 그것은 새로운 가르침을 창조해야 하기 때문이다.

세계 각지로 뿔뿔이 흩어져 있는 유태인 집단은 천대와 핍박을 받았다.

그렇기 때문에 전통과 미래의 창조만이 공평한 사회를 만들 수 있다고 생각했을 것이다. 따라서 유태인들 중에는 유난히도 사회 개혁자가 많다.

아우슈비츠 수용소에서 유태인들이 만들어 부른 노래 '**나는 믿는다~ 영원한 평화의 날이 올 것을**……' 이라는 귀절을 보아도 알 수 있다.

다른 민족이었더라면 이런 노래보다는 다른 노래를 만들어 불렀을 것이다.

❋❋ 자신의 결점이 고쳐지지 않는다고 노력까지 단념하지 마라

유태인의 고전 미드라쉬는, '선한 곳에는 반드시 악이 있다.'고 말한다.

사람은 신이 아닌 이상 완전한 선인이 될 수 없다. 그렇다고 해도 자기 자신을 단념하지 마라.

물론 결점을 고치려고 노력하는 것은 중요한 일이다. 그러나 결점을 극복하기가 어렵다고 해서 포기하면 안 된다.

사람은 누구나 단점을 가지고 있는 것과 같이 장점도 가지고 있다.

완벽하게 현명한 사람도 완벽하게 어리석은 사람도 존재하지 않는다. 그러므로 단점보다는 장점을 살리면 된다. 그러면 단점이 적어지고 장점이 많아져서 결국 단점이 점점 묻힌다.

이처럼 장점을 살리는 것이 단점을 줄이는 최선의 방법이다.

✳✳ 지식이란 시계와 같은 것이다

아무리 지식이 풍부한 사람이라도 그 지식을 내세워서는 안 된다. 마찬가지로 자기가 남보다 잘났다든지 힘이 강하다든지 하는 일을 스스로 뽐내서는 안 된다. 그렇게 하면 사람들은 싫어하고 미워한다.

탈무드에서는 지식과 능력을 값진 시계로 비유한다. 예컨대 지식은 시계와 같다. 그러니 자랑하는 것보다 사람들이 시간을 물어올 때 대답해 주는 것이 더욱 값진 것과 같은 이치이다. 그렇게 하면 아무리 퍼내어도 마르지 않는 샘이 된다.

'근원이 깊은 샘은 아무리 퍼내어도 마르지 않는다. 그러나 얕은 샘은 곧 말라서 없어진다.'

돈이나 귀중품은 곧 분실할 수도 있다. 그러나 지식은 살아 있는 동안 몸에 붙어 다녀 분실할 걱정이 없다. 그러니 배워서 지식을 쌓는 것은 일생의 일이다.

'나는 스승으로부터 배웠다. 친구로부터 많은 것을 배웠다. 학생으로부터 더 많은 것을 배웠다.'

❊❊ 돈을 꾸어 달라는 것은 거절해도, 책을 빌려 달라는 것은 거절하지 마라

이것은 탈무드에 있는 율법의 하나이다.

유태 민족은 예로부터 '책의 민족' '학문의 민족'이라고 했다. 사람에 비유한다면 유태인에게 있어서 학문은 피와 같은 것이었다.

진정 몸에 피가 흐르지 않는 사람이 있겠는가? 그와 마찬가지로 학문이 없는 유태인은 생각할 수도 없는 것이다.

아마도 배우는 것을 종교적 의무로 삼는 민족은 유태 민족밖에 없을 것이다.

누구나 태어나서 소년기에 이르기까지 말과 글을 배운다. 그런데도 근대화 이전에는 지식인 이외의 일반인들은 대부분 읽고 쓸 줄 몰랐다. 그 시절 유태인들은 성서나 탈무드를 배우기 위해 읽고 쓰는 것을 공부했다.

유태인에게 있어 학문은 신의 말씀이며 만인의 공유물이라고 생각했다. 그래서 오늘날에도 이 전통을 생명처럼 숨쉬고 있는 것이다.

❋❋ 어리석음에 대한 이야기

옛날 어디에서나 흔히 볼 수 있는 작은 마을이 있었다. 이 마을은 해결하기 힘든 과제를 하나 안고 있었다.

이 마을에 이르는 길은 험한 절벽으로 이어진 좁고 구불 구불하고 위험하기 짝없는 길이었다.

마을 사람들이 잇달아 절벽 밑으로 떨어져 사고를 당하고 있다. 때문에 마을 사람들의 걱정은 이만저만한 것이 아니 다.

어부가 절벽 밑으로 떨어지는 바람에 생선을 운반할 수 없게 되었다. 우편 배달부가 절벽에서 발을 헛디뎌 편지를 분실한 일이 생겼다. 마을 사람들은 이 문제로 심각한 상태 에 빠졌다.

어느 날 우유 배달부가 절벽을 오르다 그만 갓난아기에게 먹일 우유를 엎질렀다.

이런 일이 계속된다면 마을은 폐허가 될 것이 뻔하다. 문 제가 심각해지자 마을의 장로들은 한자리에 모였다.

장로들은 뭔가 손을 쓰지 않으면 안 되었다. 이러쿵저러 쿵 의견이 분분했다. 밤낮을 가리지 않고 토론한 결과 사바 스(Sabbath: 유대교 및 3세기 이후 기독교의 안식일.)가 가까워져서야 겨우 결론을 얻을 수가 있었다.

당신은 어떤 결론이 나왔으리라고 생각하는가?

장로들의 결론은 절벽 밑에다 병원을 짓는 것이다.

이 이야기는 아무리 진지하게 토론을 해봤자 바람직한 해결책이 나오지 않는다는 것을 단적으로 말해 주는 것이다.

병원을 만들어봤자 여전히 그 길을 지나는 사람들은 똑같은 불행을 당할 테니까.

유태인의 격언 속에는 어리석은 사람이나 어리석음을 주제로 한 것이 많다. 그러나 그것들은 드러내 놓고 웃어넘길 수 있는 성격의 것은 아니고, 정겨움을 느끼게 하는 것이 보통이다.

* 어리석은 사람은 현자가 1년에 걸쳐 대답할 수 없을 만큼의 질문을 1시간 동안에 한다.
· ·
* 현자는 어리석은 사람에게서 교훈을 끄집어낼 수 있다. 그러나 어리석은 사람은 현자에게서 교훈을 끌어낼 수 없다.
· ·
* 어리석은 사람이라 할지라도 돈만 있으면 왕과 같은 대우를 받는다.

＊ 어리석은 사람을 가르친다는 것은 구멍이 난 그릇에 물을 채우는 것과 같다.

. . . .

＊ 어리석은 사람이라 할지라도 침묵을 지키고 있으면 성인처럼 보인다.

＊＊사람들은 어떤 문제에 부딪쳤을 때 폭력을 사용해야 할지 또는 겸손함을 보여 주어야 할지, 결정을 내리지 못해 간혹 당혹스러워 한다. 그럴 때일수록 우리는 항상 겸손한 사랑으로 대해야 한다. 그렇게 함으로써 우리는 단번에 온 세상을 이기는 것이다. 겸손한 사랑은 어떤 것보다 강하고, 그 어떤 것과도 비교할 수 없는 놀라운 힘이다.

도스토예프스키

※※ 기도는 짧게 하고 배움은 길게 해라

이것은 유태인들이 신을 찬양하고 기도하는 그 자체가 배움과 같다고 믿는 데서 비롯된 것이다.

그런데 왜, 신이 가장 위대하다고 믿는 민족이 '기도는 짧게 하고 배움은 길게 하라' 한 것일까. 그 이유는 명료하다.

신에게 기도를 할 때에는 사람이 신에게 말하는 것이다. 진리 추구를 위해 배우고 있을 때에는 신이 사람에게 말하고 있다는 믿음 때문이다.

기도를 할 때에는 올바른 정신과 올바른 기분으로 짧게 기도해야 할 것이며, 이외의 시간에는 신이 지시한 여러 가지 진리를 깊이 연구해야 한다.

이처럼 지식을 존중하고 또한 지혜를 존중해 왔기에 긴 세월 유태인에게 있어서 배움은 곧 신을 찬양하는 기도와 같은 것이다.

오늘날 신을 믿지 않는 유태인이라도 학문이라는 것을 인생에 있어서 가장 소중한 것쯤으로 여기는 것은 오랜 전통 때문일 것이다.

※※ 사람에게 있어서 살아 있는 동안 빼앗을 수 없는 것은 지식이다

오랫동안 유태 민족은 모진 박해 속에서 집은 불탔고, 토지와 재산은 몰수를 당했다. 그러니 이 나라 저 나라로 쫓겨다닐 수밖에 없었다.

최근까지만 해도 유태의 가정에서는 어머니가 어린 자녀에게 이런 질문을 한다.

"세상에서 가장 소중한 것이 뭐지? 네가 살아 있는 동안 빼앗기지 않는 것이 뭐지?"

이때

"돈"이라거나 "다이아몬드"라고 대답을 하면

" 아니다. 그것은 지식이란다." 하고 가르쳤다.

탈무드에는 이런 이야기가 있다.

어느 땐가 학자가 배에 타고 있었다. 그 학자는 한 배에 탄 상인들로부터 질문을 받았다.

"대체 당신은 무슨 상품을 팔러 다니는 겁니까?"

"내 상품은 세상에서 가장 훌륭한 것입니다."

상인들은 그 학자가 잠든 틈을 타서 그의 봇짐을 끌러 보았다. 그러나 아무것도 나오지 않았다.

상인들은 이 학자가 좀 이상한 사람이 아닌가 하고 속으로 비웃었다.

그런 일이 있고 나서 배는 한참을 항해하다 난파되었다. 봇짐을 잃은 상인들과 학자는 가까스로 해안에 당도했다.

해안에 당도한 학자는 그 마을의 예배당으로 가서 어느 학자보다도 뛰어나게 그들을 가르쳐 많은 재산을 모았다.

이것을 본 상인들은 탄복했다.

"당신의 말이 맞소. 우리들은 상품을 잃었지만, 당신의 상품은 당신이 살아 있는 한 잃어버리는 일이 없을 것이오."

※※ 당나귀는 예루살렘에 가도 역시 당나귀다

옛날부터 당나귀는 가장 보편적으로 짐을 운반하는 가축이며 동시에 어리석은 사람의 대명사이다.

'당나귀는 어딜 가나 당나귀다.'

어리석은 사람은 뉴욕이나 파리 그리고 런던을 다녀왔다고 하더라도 역시 어리석은 사람이란 뜻이다.

당나귀에게 대학의 단복을 입히고, 가슴에 훈장과 귀에 황금 리본을 달아 준다고 한들 당나귀임에는 변함이 없다.

이와 마찬가지로 어리석은 사람도 온갖 겉치레를 위해 몸을 치장한다. 그리고 직함을 내세워 딴 사람처럼 행동한다. 이런 행동은 당나귀의 귀에 리본을 단 것과 같은 꼴이다.

다시 말하자면 훌륭한 금고는 항상 수수한 것과 같은 이치이다.

사람이 당나귀와 다른 것은 예루살렘에 가더라도 무엇인가를 배우고 돌아온다는 점이다.

❋❋ 아이들을 가르치는 가장 좋은 방법은 스스로 아버지가 모범을 보이는 것이다

19세기에 살았던 유태 현인의 한 사람은 이렇게 말했다.

"모든 아버지는 자기 자식이 교양을 쌓아 경건하고 착한 유태인으로 자라기를 바란다. 그리고 그 자식이 자라서 아버지가 되면 그 자식 역시 그렇게 되기를 바란다.

몇몇 아버지들은 자기 자식이 교양을 쌓아 경건하고 착한 유태인이 되기를 바라지만 정작 자신은 노력하지 않는다. 그러면서 자식이 그렇게 되기를 바랄 때 그렇게 되는 경우는 드물다."

❋❋ 사람은 누구든 어른이 되지 않는다. 아이로서 나이를 먹을 뿐이다

30세의 아이, 40세의 아이, 60세의 아이, 이처럼 나이를 떠나 사람들은 모두 아이다.

사람은 누구든 아이처럼 자기 중심적이며 제멋대로의 성질을 가지고 있다.

어릴 적에 소중히 길러졌는가, 고생을 했는가, 부모로부터 어떤 교육을 받았는가 하는 것들이 평생을 따라다닌다.

일반적으로 어떤 사람의 성격을 알고 싶다면 어릴 적 성장 과정을 살펴보면 된다.

사람은 이미 어릴 적에 완성되어 버린다는 말까지 나올 정도이다.

여기에 있는 사람도 저기에 있는 사람도 모두가 아이들인 것이다.

수염을 기른 아이,

얼굴이 주름투성이인 아이,

지팡이를 짚은 아이 등등,

아이들이 어른으로서 혹은 노인으로서 살고 있을 따름이다.

❀❀ 어리석은 사람에게는 노년이 추운 겨울이겠지만, 현명한 사람에게는 황금기와 같다

사람은 누구나 나이를 먹게 마련이다.
그렇다면 젊은 시절에 무엇을 하면 좋을까?

고대의 랍비는 이렇게 말하고 있다.
"자신이 늙어 간다는 것은 노년에 대한 마음의 준비를 하는 것이다."

이 말은 노년으로 가면서 자기를 창조해 나간다는 말이다. 그렇게 할 때 젊은 사람도 노인을 소중히 여기게 된다.

사람은 궁극적으로 '**무엇을 하느냐**(What I do)'하는 것보다는 '**어떤 사람이냐**(What I am)'하는 쪽이 더 중요할 터이다.

그런데 오늘날 소비 만능의 사회는 '**어떤 사람이냐**' 하는 것보다는 '**무엇을 하느냐**'를 더 존중하고 있다. 따라서 활동적인 것이 인정을 받고 있는 셈이다.
텔레비전의 상품 광고나 신문·잡지에 실린 광고를 보더라도 활동적인 것에 지나친 찬사와 젊음이 강조되는 문화가 판을 친다.

장년기에도, 노년기에도, 젊어야 하고 또한 활동적인 것을 요구받는다. 이와 같은 사회에서 노년은 패배이며 겨울로 간주된다.

   '무엇을 하느냐'가 **'어떤 사람이냐'**보다도 훨씬 소중하다고 여기기 때문이다.

   반드시 패배가 기다리고 있는 사회는 얼마나 가혹한 것인가. 이 말이 옳다면 오늘날의 우리들은 어리석은 사람들이 살고 있는 사회에 불과하다.

❋❋ 교육에 관한 **격언**

* 학자 가운데 당나귀와 닮은 사람이 있는데 그들은 다만 책을 나르고 있을 따름입니다.

· ·

* 체중은 잴 수가 있어도 지성은 잴 수가 없다. 그것은 체중에는 한계가 있지만 지성에는 한계가 없기 때문이다.

· ·

* 먼저 배우고 나서 남을 가르쳐라.

· ·

* 게으른 사람에게 있어서 머리는 소경이 횃불을 들고 있는 것과 마찬가지이다. 그것은 있으나 마나 하기 때문이다.

· ·

* **현명한 사람은** 7가지 장점**을 가지고 있다**

1. 자기보다 어진 사람 앞에서는 듣는다.
2. 남이 말을 할 때에는 방해를 하지 않는다.
3. 대답하기 전에 생각한다.
4. 화제와 관련된 질문만을 하고 이치에 맞지 않는 대답은 하지 않는다.
5. 먼저 해야 할 일을 먼저 하고, 나중에 해야 할 일을 나중에 한다.
6. 모르는 것은 모른다고 한다.
7. 진실을 항상 존중한다.

* 현명한 사람은 돈의 고마움을 알고 있지만, 부자는 지혜의 고마움을 모른다.

....

* 현명한 사람은 빵을 자를 때 열 번을 재고 나서 자르지만, 어리석은 자는 열 번을 자른다고 해도 한 번을 재지 않는다.

....

* 동물은 태어날 때부터 완성된다. 그러나 사람은 태어날 때부터 재료에 불과하다. 이 재료로 어떤 사람을 만드느냐 하는 것은 부모의 책임이다.

....

* 부모 말을 듣지 않는 자식은 그 자식이 자기 말을 듣지 않는다.

....

* 한 사람의 아버지는 열 자식을 기를 수 있지만, 열 자식은 한 아버지를 모실 수 없다.

....

* 아무리 지식이 많은 사람도 아이들에게서 배울 수 있다.

....

* 아이들은 자기가 가장 중요하다고 생각한다. 성숙되지 못한 어른도 그와 같다.

* 노인은 다시 젊어질 수 없다는 것을 안다. 그러나 젊은이는 자신이 나이 먹고 있다는 사실을 모른다.

....

* 말이나 소는 힘이 왕성할 때 밭을 갈거나, 사람을 태우거나, 수레를 끌거나 하는 일을 가르쳐야만 한다. 나이가 먹은 말이나 소에게는 이와 같은 일을 가르칠 수가 없다. 사람도 이와 마찬가지이다.

이성 교제

어차피 헤어질 일이라면 결혼을 하고 난 후가 아니라 약혼 중에 하는 편이 낫다. 생활의 안정도 없이 무조건 결혼을 한다는 것은 어리석은 짓이다.

✳✳ 허니문은 1개월, 트러블은 평생

요즘 젊은이들 가운데는 대책도 없이 일찍 결혼을 하는 경우가 있는데 참으로 신기할 따름이다.

결혼을 일찍하는 것이 행복감이나 안정감 등에 있어서 커다란 영향을 끼친다는 것만큼은 사실이다.

우선 내가 결혼을 일찍하는 것에 대하여 우려를 표한다. 그것은 젊은이들이 상대를 선택할 때에 몇 가지 중요한 선택의 요건을 염두에 두지 않기 때문이다.

이를테면 어떠한 성장 과정을 거쳤는가,

어떤 취미를 가지고 있는가,

종교를 포함해서 어떠한 사고방식을 가지고 있는가 하는 것들이다.

분명 연애는 맹목적일 수 있다.

이 모든 것을 사랑이 극복한다고 믿는다면 훗날 후회하게 될 것이다.

두 사람의 사랑이 뜨겁게 타오를 때에는 옆에서 보기에도 안쓰러울 뿐이다. 정작 두 사람 사이는 그 어떤 문제의 함정도 없는 듯 보인다.

서로가 참고 견디면 행복한 결혼 생활을 할 수 있을 것으로 속단한다. 그러나 분명한 것은 이혼율이 놀랄 정도로 높다는 것이다. 당신의 주변을 보아도 이러한 예는 많다.

세상에는 결혼이 모든 것을 해결해 줄 것처럼 믿는 사람들이 의외로 많다. 하지만 현실은 그렇지 않다. 해결은 커녕 새로운 문제만 자꾸 생긴다.

결혼 생활은 2~3년이 제일 어려운 고비라 생각한다. 이 시기가 지나면 결혼의 안정성도 만족감도 해마다 커진다. 나는 여기서 결혼이라는 과정의 예를 몇 가지 들어 조언하고 싶다.

결혼에 있어서 냉정한 현실 감각이야말로 기본적인 요건이라 할 수 있다.

이를테면 결혼을 하고 난 후에야 비로소 상대의 거짓없는 성격이나 기질을 알 수 있다. 이때는 이미 늦는다.

결혼 전에는 사랑에 눈이 멀어 상대의 어떤 단점도 보이질 않는다.

젊은 부부들 사이에 '이런 사람하고 결혼을 할 마음은 없었는데.'라고 탄식하는 경우를 많이 보았다. 그러나 이것은 어처구니 없는 실수이다.

결혼을 했다고 해서 사람의 기본적인 성격이 달라지는 것은 아니다. 상대의 모든 것을 미리 알아채지 못했을 뿐이다.

이 단계가 **결혼의 첫 번째 도전**이다. 그래 봐야 겨우 서로가 잘 본 것뿐이다. 내가 잘 봤다는 것은 바꿔 말해서 상대도 나를 잘 봤다는 것이다. 이어서 육체적으로 상대를 충분히 알았을 때에는 정신적으로나 심리적으로 잘 안다고 할 수 있다.

연애 중에는 서로가 잘 보이려고 노력한다. 누가 데이트하러 갈 때 수염도 깎지 않고 나가겠는가? 이처럼 여성들도 옷이나 머리와 얼굴에 최대한 모양을 내고 데이트에 임할 것이 분명하다.

그렇지만 결혼을 하게 되면 그런 것에 관심이 없다. 그대로의 자기 모습을 드러낼 뿐이다.

처음에는 확실히 두 사람의 사랑이 불꽃처럼 타오른다. 이와 같은 상태의 충동적인 감정만으로는 결혼 생활이 어렵다. 즉 일상생활에서 보여지는 말과 몸짓이 꾸밈없이 드러나기 때문이다.

때에 따라서는 전혀 보잘것없는 것도 있으며 깊이 모르는 것도 있다. 그러므로 결혼을 한 후에 일어날 만한 사태를 미리 꿰뚫어 보고 이해할 필요가 있다.

누구나 상대를 올바로 보기 위해서는 서로를 수용하고 긍정하는 일이 매우 중요하다.

여기서 수용과 긍정이라는 말을 설명하지 않으면 안 되겠다. 개인에게 있어서 심리적으로 가장 중요하고 유익한 것은 수용이다.

다시 말하자면, 그녀가 자기 자신의 인생에 있어 최대의 가치가 있다는 생각이다. 다른 경우도 있을 수 있으나 결혼한 두 사람에게 있어서 서로의 수용과 긍정은 단 한 번의 행위로는 나타나지 않는다.

결혼한 사람, 특히 행복한 결혼 생활을 하는 사람이라면 서로에게 몇 번이나 되풀이해서 **'나를 사랑합니까?'**라고 묻는다. 그리고 긍정의 대답을 기다린다. 이것은 유럽과 미국의 일반적인 결혼 생활이라 할 수 있겠다.

그렇다고 나는 두 사람이 즐겁고 만족스러운 결혼 생활을 위해 언제나 긴장 관계를 유지하라는 것은 아니다.

오히려 **'두 사람이 마주보고 이야기하며, 서로를 위로하는 한편으로 고마움을 표하세요.'**라고 권한다. 이렇게 해서 권태나 절망을 극복한다면 두 사람의 사랑은 훌륭하게 열매를 맺게 될 것이다.

두 사람 사이가 아무리 굳게 맺어져 있는 것 같아도 하루하루의 생활 속에는 반드시 갈등이나 오해가 생길 수 있다. 그럴 때에는 결혼이 시련을 겪고 있는 것이 아닌가 생각된다.

두 사람이 서로 솔직하게 대화를 나눌 수 있고, 노여움의 장벽을 넘어설 수만 있다면 이러한 결혼의 시련은 순탄하게 극복할 수 있다.

파탄은 갑자기 찾아오는 것이 아니다. 서서히 드러나지 않게 조금씩 다가오는 것이다.

젊은 사람들의 결혼이 결과적으로 실패하는 것은 예상치 못한 일들이 불쑥 튀어나오는 것인데, 대부분 그런 충격을 극복할 수 없기 때문이다. 따라서 정신적으로 충분히 대처할 능력이 생길 때까지는 신중할 필요가 있다.

이런 사실을 모든 젊은이들이 기억해 주었으면 한다.

탈무드에는

'어차피 헤어질 일이라면 결혼을 하고 난 후 보다는 약혼 중에 하는 편이 낫다.

생활의 안정도 없이 결혼을 하는 것은 어리석은 짓이다.'

명언 중에 '허니문은 1개월, 트러블(Trouble)은 평생'이란 말이 있다.

※※ 정열 때문에 결혼을 하지만, 정열은 결혼만큼 오래가지 못한다

  유태인들은 무모한 연애를 하지 않는다. 이와 같은 사실은 유태인의 결혼관에서 비롯된다.

  유태교에서는 성서의 창세기 신은 사람에게, '낳고, 번성하고, 땅에 충만하라.'고 말한 후로 결혼은 유태인에게 있어서 성스러운 의무이다.

  '신의 은혜는 아내를 거느린 사람에게만 주어진다.'고 탈무드는 말한다.

  다시 말해 독신자라는 것은 반쪽에 불과하기 때문에 신의 선택을 받지 못한다는 것이다.

  기독교는 '사랑의 종교'인데, 유태교는 '율법의 종교'이다. 움직이는 사물은 규칙에 따라서 움직인다. 사람도 공통의 특성을 가지고 있다. 그렇다면 생활에 있어서 '사랑'과 '율법'과 어느 쪽이 실패나 좌절을 극복하는 데 도움이 될까?

선인이 남긴 교훈에 따라 일정한 틀 속에서 사는 편이 훨씬 수월하며 안전하다는 것이 유태인의 답이다. 유태인의 지혜와 생활은 이것에 근간을 두고 살아가려 한다.

결혼반지는 유태인이 처음으로 만든 것이다. 반지는 둥글다. 둥근 원은 시작도 끝도 없다는 것을 의미하는데 이처럼 결혼이란 처음도 끝도 없다.

유태인의 결혼식에는 신부나 신랑이 주의를 일곱 번 돈다. 이 또한 반지와 마찬가지로 결합한 두 사람의 인연이 처음도 끝도 없다는 의미이다.

유태인의 속담에 **'결혼은 연애의 자명종이다.'**라는 말이 있다. 결혼은 기독교도가 말하는 것처럼 두 남녀가 하나로 되는 것이 아니라, 두 사람이 함께 공동생활을 영위하는 것이다. 따라서 두 사람 모두가 현실을 직시하는 편이 나을 것이다.

❋❋ 결혼식에서의 행진곡은 화려하고 웅장한데 이것은 군악대의 연주와 닮았다

결혼식에 초대를 받았다면 웨딩 마치(Wedding march)에 귀를 기울여 보자. 특히 자기의 결혼식이라면 더욱 그렇다.

결혼식은 두 사람의 전사가 전쟁터로 향하는 것과 같아서 두 사람은 싸움 중에 상처를 입게 된다.

그리고 나이가 들면 두 사람은 부상병처럼 서로를 위로하게 된다.

결혼 행진곡과 군대의 행진곡이 이처럼 화려하고 웅장한 것은 전쟁터로 향하는 것과 흡사하기 때문이다.

✳️ 사랑은 잼(Jam)처럼 달지만 빵 없이는 살 수가 없다

유태인의 전통은 결혼하기 전에 자기 집이 있어야 한다고 가르친다. 사정에 따라 부모의 금전적인 지원을 받을 수도 있다.

유태인은 실생활을 중시한다. 창세기에 신이 하루씩 걸러 하늘과 땅, 하늘과 바다처럼 대립되는 것을 만들었다. 그것은 이 두 가지 모두 중요하다는 것을 가르치려 했기 때문이다.

따라서 기독교도처럼 정신적인 생활만을 중시하는 행동은 하지 않는다.

사람이 잼으로만 살 수 있을까? 그렇다고 빵만으로 만족할 수 있을까?

'연애는 잼과 같다. 빵에 바르면 맛있다.'

다시 말해 잼만 먹고 살 수는 없는 것이다.

※ 질투는 천 개의 눈을 가지고 있다. 그러나 그중 하나의 눈도 바르게 보지 못한다

탈무드는 율법집인 동시에 성서의 해설서이다. 해설서라기보다 해석집이라고 하는 편이 옳다.

랍비들에게 성서란 무엇인가? 이것은 토론한 것을 녹취한 것과 같다. 물론 5세기에는 녹음기가 없었으므로 종이에 기록되었다.

어느 날 질투에 관하여 랍비들이 토론을 시작했는데 갑자기 창세기가 머리에 떠올랐다. 탈무드는 '질투가 없는 사랑은 진정한 사랑이 아니다.'라고 말한다.

그렇다면 창세기의 오직 한 남자와 한 여자였던 아담과 이브는 어떠했을까?

"이브는 아담에게 질투를 느꼈을까?"

한 사람의 랍비가 질문을 던졌다. 장황한 토론 가운데 결론이 나왔다. 이브는 질투를 느꼈을 것이다. 질투가 따르지 않는 사랑은 있을 수 없다. 질투를 하지 않는 여자도 있을 턱이 없기에 이브는 언제나 아담이 돌아올 때면 그의 갈비뼈를 세어 보았던 것이다.

✳✳ 결혼의 쇠사슬은 강력하다. 때로는 부부뿐만 아니라 자식과도 묶인다

많은 사람과 만나는 것은 쉬운 일이다. 싫은 사람은 피하면 되고, 설령 싫은 사람이 있다 해도 많은 사람 중에 한 사람이니까 대수롭지 않다.

미국의 유명한 만화 '피너츠(주인공이 아이들만으로 된 어른들이 보는 만화.)'가 있다. 이 속에서 작가는 찰리 브라운에게 이런 말을 시킨다.

"나는 인류를 사랑하고 있지만 사람은 싫다."

사람의 관계에 있어서 1:1의 교제가 가장 어렵다. 아무리 친한 사람이라도 함께 살게 되면 상대방의 단점이 보이기 시작한다.

결혼이란 남녀가 공동생활을 하므로 상대방의 단점이 낱낱이 보인다. 그리고 자신의 단점도 상대방에게 낱낱이 드러난다.

그렇기 때문에 두 사람이 공동생활을 영위한다는 것은 인생의 중대사이다.

세상에서 결혼만큼 미화되어 전해지는 것도 없다. 그렇지 않다면 결혼을 두려워하거나, 결혼을 하려는 사람이 없어질 수도 있기 때문이 아닐까?

자식은 부부를 결합시킨다. 자식을 키우는 것이 성스러운 의무임은 말할 것도 없다. 그러니 두 사람이 공통으로 자식에게 관심을 쏟는다.

자식이 생기면 부부의 1:1 관계가 복수의 관계가 된다. 이 복수의 관계가 결혼 생활에 있어 황금의 쇠사슬이 되기를 바랄 뿐이다.

❊❊ 결혼을 할 때에는 이혼도 생각해야 한다

이 격언은 2가지 뜻을 가지고 있다.

첫째는 아내를 맞을 때, 자기 어머니와 인연을 끊어 가면서까지 선택할 만한 가치가 있는 것인지를 먼저 생각해야 한다.

둘째는 이 아내와 장차 이혼할지도 모른다는 사실이다. 그래서 결혼이란 항상 이혼이란 전제를 안고 있는 것이다.

통계에 따르면 유태인의 이혼율은 매우 낮다. 이것은 결혼에 대한 현실적인 경계가 많기 때문이다.

❊❊ 결혼을 향해서는 천천히 걷고, 이혼을 향해서는 내달려라

'결혼은 인생의 공동묘지다.'라는 속담은 유태인의 말이 아니다. 유태인은, '결혼은 연애의 자명종이다.' 또는 '결혼이란 어떤 맥주를 마셔 본 청년이 마음에 들자, 그 맥주 공

장으로 일을 하러 가는 것과 같다.'라고 말한다.

결혼 상대를 선택할 때에는 신중해야 한다. 아무리 신중해도 지나침이 없다. 결코 내달려서는 안 되는 것이다. 그것을 알면서도 옛날이나 지금이나 결혼을 위해 내달리는 남녀가 많다.

유태인은 현실적이다. 유태교는 기독교처럼 이혼을 금하거나 나쁘다고 보지 않는다.

물론 이혼은 불행한 일이다. 그렇다고 해도 부부가 노력을 해도 안 될 경우에는 이혼하는 것이 마땅하다.

불행한 결합이라고 판단되면 일찌감치 헤어지는 것이 낫다. 따라서 잘 안 된다 싶으면 내달려라.

결혼하기는 쉬워도 이혼하기는 어렵다.

이와 같이 사람들은 항상 결혼을 향해서는 내달리고, 이혼을 향해서는 더디 걷고 있는 것이다.

❋❋ 사랑에 대한 격언

* 아무리 사랑하는 일이 중요하다고 한들 사랑하는 상대가 없으면 의미가 없다.
....
* 남자는 먼저 집을 짓고 들에다 포도밭을 만든 다음 아내를 맞이해야 한다. 이 순서를 거꾸로 하면 안 된다.
....
* 첫사랑의 여자와 결혼하는 남자만큼 행운아는 없다.
....
* 미인은 보는 것이지 결혼할 상대는 아니다.
....
* 몹시 사랑에 빠졌을 때에는 자신을 위한 사랑인가, 상대를 위한 사랑인가를 잘 생각해 보라.
....
* 사랑에 빠져 있는 딸을 집 안에 가두는 것은 100마리의 벼룩을 울타리 안에 가두는 것만큼이나 어렵다.
....
* 이혼한 사람끼리 재혼하면 침대에 네 남녀가 자는 것이다.

화복을 부르는

입과 혀

 자기의 과거를 돌아보면 입을 잘못 놀렸거나 참
견한 일에 대하여 후회한 적은 많아도, 침묵하고
있었던 것을 후회한 적은 거의 없을 것이다.

319

✱✱✱ 사람이 지껄이는 것은 태어날 때부터 배우지만, 입을 다무는 것은 어지간히 배우기가 어렵다

유태인들은 의견을 주고받거나 논쟁과 수다를 좋아한다. 어쨌든 짧게 끝낼 말도 열 마디를 한다.

그래서 그런지 수다에 대한 경구가 많다. 이것은 유태인들 뿐만 아니라 대다수의 사람들이 그렇다.

'**지혜를 둘러싼 답은 침묵이다.**'라고 하는 말은 누구에게나 교훈적이며 처세의 기본이 된다.

자기의 과거를 돌아보면 입을 잘못 놀렸거나 참견한 일로 후회한 적은 많아도, 침묵한 일로 후회한 적은 거의 없을 것이다.

듣는 것은 지혜를 가져오는 경우가 많고, 말하는 것은 후회를 가져오게 하는 경우가 많다.

침묵도 하나의 언어이다. 이 말을 배우면 어휘가 풍부해진다. 많은 어휘를 알고 있더라도 침묵을 모른다면, '예' '아니오' '좋다' '싫다'라는 기본적인 말을 모르는 것과 마찬가지이다.

❋❋ 거짓말을 해서는 안 된다. 그러나 진실도 말해서는 안 될 경우가 있다

거짓말을 하는 것이 나쁘다는 것은 누구든 어릴 적부터 귀가 따갑도록 들었다. 그리고 진실은 당당하게 말해야 한다고 들었다.

그러나 진실도 말해서는 안 될 경우가 있다. 그 하나는 사람을 해치는 진실이다. 진실에도 거짓말과 마찬가지로 상대에게 괴로움을 주는 진실이 있음을 알아야 한다.

못생긴 여자 앞에서 '당신은 못생겼소.'라고 말을 하거나, 부스럼이 난 사람 앞에서 부스럼 이야기를 해서는 안 된다.

남편의 회사가 망했다. 그런 부인 앞에서 굳이 망한 회사를 들먹일 필요는 없다.

또 하나, 말하지 마라야 할 진실은 '비밀'이다. 자신의 비밀이나 남의 비밀을 이야기해서는 안 된다.

진실은 거짓말과 마찬가지로 위험한 것이다. 그러니 진실도 면도칼처럼 조심해서 다루어야 한다.

** 가장 큰 고통은 남에게 말하지 못하는 고통이다

남이 모르는 것을 알고 있다는 것은 우월감을 갖는 것이다. 그것은 그 정보가 상대방과 관련이 있는데도 상대방은 모르고 자기만이 알고 있는 경우, 더욱 그렇다.

사람들에게 있어서 우월감에 젖고 싶다는 욕망은 대단하다. 바로 비밀이 지켜지기 어려운 것은 이 때문이다. 또한 사람은 고독으로부터 해방되고 싶다는 소망이 강하다. 그러므로 따돌림을 받는 것만큼 무서운 것은 없다.

누구나 상대에게 이야기해서는 안 될 것을 누설해 버리거나 털어놓는 것은, 그것을 타인에게 이야기함으로써 자기와 공통된 경험을 맛보려는 것이다. 또한 고독으로부터 벗어나고자 하는 것이다.

사람들은 사물을 직접 경험하기도 하지만, 듣거나 읽는 것도 경험을 하는 것과 마찬가지이다. 따라서 상대에게 말하는 것은 경험을 함께 나누는 것과 같다.

친한 사람에게 말할 수 없는 것보다 더 큰 고통은 없다. 사람은 만남의 시간이나 자기가 가진 물건이나 그것에 대한 공유를 통하여 친해진다. 친하다는 것은 곧 서로 나누어 갖는다는 것이다.

** 당신에게도 친구에 친구가 있듯이, 그 친구도 친구에 친구가 있다. 그렇기 때문에 당신의 친구일지라도 말조심을 하라

자기가 들은 비밀 이야기를 남에게 털어놓고 싶다는 충동은 대단한 것이다.

성서의 잠언은 이렇게 말하고 있다.
'같은 말을 되풀이하는 사람은 가장 친한 친구를 잃는다.'

언제나 비밀은 지켜야 한다. 당신의 입은 금고이다. 금고는 쉽게 자주 열려서는 안 된다.
입을 금고에 비유하자면, 열리기까지 많은 시간이 걸리는 금고가 고급스럽다.

이 말은 또한 남의 소문을 전하는 것도 경계한다. 중상이나 비방은 친구에서 친구로 입에서 입으로 퍼진다.
그러므로 당신이 조심성이 없을 때 상대가 원망하는 것은 극히 당연하다.

✳✳ 입과 혀에 대한 격언

* 언제나 물고기는 입으로 낚이고, 사람은 입으로 걸려든다.

....

* 남의 입에서 나오는 말보다 자기 입에서 나오는 말을 잘 들어라.

....

* 현명한 사람은 자기 눈으로 본 것을 상대에게 말하지만, 어리석은 사람은 자기 귀로 들은 것을 말한다.

....

* 귀로 무엇을 듣고 눈으로 무엇을 보는가는 자기 의지대로 되지 않지만 입은 의지대로 된다.

....

* 매를 맞은 아픔이야 언젠간 잊혀지겠지만, 모욕당한 말은 영원히 기억된다.

....

* 침묵은 현명한 사람을 더욱 어질게 한다. 그러나 어리석은 사람은 침묵이 얼마나 소중한지를 모른다.

....

* 침묵도 하나의 대답이다.

....

* 고약한 혀는 고약한 손보다도 나쁘다.

* 말은 약과 같다. 그러므로 신중해야 한다.
....
* 바른말은 귀에 거슬리는 법이다.
....
* 서둘러 대답한 사람은 서둘러 잘못을 저지른다.
....
* 말이 당신의 입 안에 머무는 동안은 당신의 노예일 것이다. 그러나 일단 밖으로 튀어나오면 당신의 주인이 된다.
....
* 자기를 자랑하는 것이 상대를 욕하는 것보다 낫다.
....
* 거짓말을 안 하면 중매가 안 된다.
....
* 싸움을 진정시키는 데에 있어서 가장 좋은 약은 침묵이다.
....
* 당신이 비밀을 숨기고 있는 한 비밀은 당신의 포로지만, 당신이 그것을 발설한 순간부터 당신은 비밀의 포로가 된다.

**세상에서 평판이 좋지 않은 사람과 사귀면 자신의 명성에 상처만 남길 뿐이다.

어리석은 사람은 당연히 불운이 따른다. 그것이 그의 숙명인 셈이다.

어리석다는 사실과 불운이라는 두 가지 불행은 꼭 달라붙어 떨어지지 않는 속성이 있다. 어리석은 사람과 사귀는 사람은 그 불행을 스스로 불러들이게 되는 셈이다.

어리석은 사람에게도 쓸 만한 점이 한 가지는 있다. 어리석은 사람에게 있어서 현명한 사람은 아무런 도움도 되지 않는다. 그러나 현명한 사람에게는 인생의 교사로서 도움이 될 때가 있다.

발타자르 그라시안

지혜로운

삶

인생은 중용이다. 세상사는 여러 가지 요소로 구성되어 있기 때문이다.

✳✳ 열 번 길을 묻는 것이 한 번 길을 헤메는 것보다 낫다

이 격언은 인생의 기본을 가르치고 있는 것이다.

유태인은 '율법의 민족'이라고도 일컫는다. 그 율법은 누구라도 쉽게 이해할 수 있는 인생의 규칙이다. 그런데도 불구하고 사람들은 그 기본을 무시하는 경향이 있다.

걷는 법, 달리는 법, 먹는 법, 앉는 법으로부터 **사는 법**에 이르기까지 어떻게 하는 것이 가장 좋은가는 과거나 현재나 변함이 없다.

흔히 한 번 일어난 일은 두 번 다시 일어나지 않는다고들 한다. 그러나 사람들은 어느 시대에도 변함이 없다. 결국은 오랜 역사 속에서 같은 일이 형태를 바꾸어 일어나고 있는 것뿐이다. 오래된 가르침은 수천 년에 걸친 사람의 경험이다. 이런 경우는 이렇게 하는 것이 좋다라는 가르침인데, 이것을 따르는 편이 현명하다.

아무리 우수한 시장 조사 기관이나 여론 조사 기관이라 할지라도 수천 년 과거로 거슬러 올라가 통계를 낼 수는 없다. 유태의 율법이나 가르침은 그와 같은 것이어서 아무리 수천만 달러의 돈을 들여 조사한다 한들 결코 할 수 없다.

기본이 얼마나 중요한지는 탈무드에도 잘 나타나 있다.

한 마을에 영리한 청년이 있었다.

영리한 청년은 닭이 알을 품는 것과 같은 방법으로 온도를 유지하면 다량의 부화된 병아리가 나온다는 사실을 알았다. 그는 그런 방법으로 병아리를 많이 팔아 부자가 될 거라고 확신했다.

오랜 시간에 걸쳐 연구를 끝낸 그는 계란을 그 장치에 넣으려 했다. 넣으려는 순간 계란 상자를 떨어뜨리고 말았다.

그 역시도 계란을 떨어뜨려서는 안 된다는 기본 상식을 깜빡했던 것이다.

'젖소로부터 아무리 많은 젖을 짜낸다고 한들, 실수로 인해 젖이 가득든 통을 엎지른다면 무슨 소용인가.'

이는 아무리 높은 지성에 의해 이룰 수 있는 것이라 할지라도 항상 기본을 잊어서는 안 된다는 말이다.

✾✾ 기적을 바라는 것도 좋지만, 기적에 의지해서는 안 된다

탈무드에는 이런 가르침이 있다.

"랍비가 바라던 것을 신이 이루면 흔히 기적이라고들 말하는데 신이 바라는 것을 랍비가 이루는 것이야 말로 진정한 기적이다."

유태에는 랍비를 조롱하는 듯한 속담들이 많이 있다. 틀림없이 준엄한 얼굴을 하지만 뒤로는 나쁜 짓을 하는 랍비도 꽤나 있을 것이다.

이런 와중에서도 유태 민족은 합리적이므로 기적을 믿지 않는다. 그렇지만 기적과 같은 행운을 바라고 기도를 하는 것은 세상 모두에게 있어 공통된 일일 것이다.

❋❋ 꽃양배추(겨자과의 다년초)에 사는 벌레는 꽃양배추를 전세계로 생각한다

세계는 넓다. 그러나 자기 마을이나, 도시나, 나라밖에 모르는 사람들이 있다.

그런 사람들은 자신의 작은 세계만이 전세계인 양 착각한다. 따라서 모든 것을 자신이 처한 작은 세계의 습관이나 관점에 맞추어 판단하기 일쑤이다.

사람은 마을 또는 나라라는 한정된 틀에 묶여 있는 것은 아니지만, **자신의 성장 · 회사 · 직업 · 계급** 등에 묶이는 일도 있다. 그렇다고 해도 스스로를 한정된 틀에 묶어서는 안된다.

유태인은 세계 각처로 흩어져 방랑했기 때문에 한 세계에 머무는 일은 드물다. 그런데 이 격언이 있는 것으로 보아 유태인 세계에서도 이런 사람들이 적지 않게 존재하는 것으로 보인다.

꽃양배추에 있는 벌레처럼 안주하는 것도 인생이다. 이것을 떨치고 나가는 데에는 용기가 필요하다. 그러나 안주하고 있는 편이 좋을 것이라고 생각한다면 당신은 노인과 다를 바가 없다.

※※ 단숨에 바다를 만들기 보다는 먼저 냇가를 만들어야 한다

바다를 단숨에 만들 수 있는 것은 신뿐이다.

사람이 바다를 만들고자 한다면 먼저 작은 냇가를 만들어야 한다. 그것은 바다를 단번에 만들 수 없기 때문이다.

냇가는 물줄기를 만들고 많은 물줄기는 큰 강을 만든다. 그리고 파도 치는 바다가 된다.

작은 냇가라 하여 무시하고 경시하는 사람은 바다를 만들 수 없다.

** 그 우물에 침을 뱉는 사람은 언젠가 그 우물을 마시게 된다

하루는 랍비가 길을 걷고 있었다. 그런데 어느 남자가 자기 집 안에 있는 돌을 길가에 내다 버리는 것을 보았다.

랍비는 물었다.
"당신은 어째서 그런 짓을 하고 있는 거요?"

그러자 그 남자는 웃기만 할 뿐 대답이 없었다.

10년이 지나고 20년이 지난 어느 날, 이 남자는 땅을 팔게 되었다. 그 후 다른 마을로 이사를 가기 위해 문밖으로 첫발을 내딛였다. 순간 옛날 자기가 버린 돌에 걸려 넘어지고 말았다.

이 말은 자기가 한 짓을 잊고 있다 하더라도 반드시 자기에게 돌아온다는 말이다.

❊❊ 사람들은 돈을 시간보다 소중한 것으로 여기지만, 그로 인하여 잃은 시간은 돈으로도 못 산다

사람에게 가장 소중한 것은 돈이 아니라 시간이다. 돈이나 부는 무한정 손에 넣을 수 있지만 시간은 한정되어 있기 때문이다.

탈무드에서는 한정되어 있는 것이 무엇이냐고 묻는다. 그것은 사람의 생명이며 시간이다. 그런데도 불구하고 사람들은 돈을 쓸 때에는 신중하지만 시간을 낭비할 때에는 무감각하다. 이것은 사람들이 시간보다도 돈을 소중히 여기기 때문이다.

시간도 돈도 중요하다. 그러나 시간이 더 소중하다는 것을 간과하면 안 된다.

✱✱ 아무리 비싼 시계라 할지라도 바늘이 가리키는 시간은 똑같다. 그리고 아무리 훌륭한 사람이라 할지라도 1시간은 60분이다

유태인은 일반적으로 평범한 복장을 좋아한다. 이스라엘에서는 정부의 고위층이라도 넥타이를 매는 사람은 그리 많지 않다.

모세 다얀은 6일 전쟁의 영웅이며 국방상이었다. 그는 매일 아침 국방성에서 나오는 차를 타게 되는데 젊은 운전병은 이렇게 묻는다.

"모세 씨 오늘 아침은 어디로 가죠?"

이처럼 유태인들은 권위주의을 싫어한다. 따라서 그들은 예의가 없어 보일지도 모른다. 하지만 모두가 평등한 만큼 위대하다고 생각한다.

아마도 이것은 외부로부터 격리된 유태인이 공동 운명체로써 해방을 맞이할 때까지 영주도 지주도 존재하지 않았기 때문일 것이다.

✳✳ 성공의 절반은 인내이다

성공하는 데에는 인내가 필요하다. 그러나 인내만으로는 성공하지 못한다.

유태인은 지적인 면에서 달리 보는 것이 많다. 이와 같이 유태인은 항상 호기심에 불타고 있다.

유태인은 모든 사물을 다른 각도에서 보려 한다. '헤브라이'는 '또다른 한편으로 서다'라는 의미이다.

유태인은 궁금한 것이 많다.

그래서 이런 농담이 생길 정도이다.

"유태인은 왜 그렇게 하나하나 캐묻는 거지?"
"왜 하나하나 캐물어서는 안 된다는 거지?"

사실 유태인에게 있어서 어떤 질문이든 그것이 다시 질문이 되어 돌아오는 경우가 많다.

이처럼 하나하나 캐묻지 않고는 성공할 수 없다.

※ 이상주의란, 장미 향기에 취해서 장미로 양배추 국보다 더 맛있는 수프(Soup)를 끓일 수 있다고 생각하는 것이다

이 말은 중용을 벗어나 한쪽으로 치우치는 극단이나 과격을 경계하라는 뜻이다.

인생은 중용이다. 그러므로 무의미한 모험을 해서는 안 된다.

궁극적으로 사람의 세상사는 여러 가지 요소로 구성되어 있다. 따라서 어느 하나의 요소에 치우치지 않는다.

이런 현실을 모르고 장미 수프를 끓이겠다고 나서는 이상주의자가 있다면 당연히 비웃음을 사게 마련이다.

젊은이들 사이에는 이상주의자가 많고, 노인들 사이에는 보수주의자가 많은데, 이것은 경험의 양에 비례하는 것이다.

유태인들은 탈무드나 유태의 고전을 곰팡이가 슨 고서쯤으로 여기지 않는다. 바로 어제 씌어진 책처럼 신선한 맛으로 읽는다. 그것은 오랜 역사의 경험으로부터 빚어진 교훈을 소중하게 여기기 때문이다.

✽✽ 행운에 의지하기 보다는 행운에 협력하라

　유태인만큼 행운을 바라지 않는 민족은 없다. 한곳으로 정착한 민족은 그다지 행운을 필요로 하지 않는다. 그러나 방랑과, 핍박과, 차별과, 일정한 직업도 없이 떠돌게 된 유태 민족에게 행운은 절실했다.

　이때 행운이 찾아들더라도 그것은 나비와 같은 것이다. 사람은 스스로 그것을 잡아야만 한다. 여기서 행운을 나비에 비유한다면 그것은 곧 곱고 진기한 것이다.

　행운을 자기 것으로 만들려면 지속적인 노력이 필요하다. 우선 행운이 찾아올 때 그것을 확인하는 훈련이 필요하다. 항상 감각의 날을 세우고 있어야만 한다.

　마냥 노력도 없이 행운을 기다린다면 당장 스쳐 지나가고 만다. 행운은 모든이에게 골고루 찾아들지만 스스로 자기에게 오지는 않는다. 노력하는 사람만이 행운을 잡을 수 있는 것이다.

❋❋ 시간을 낭비하는 것은 인생을 낭비하는 것이다

인생에서 돈 · 술 · 여자 · 시간은 도를 넘으면 안 된다. 처음의 세 가지는 누구나 알 수 있는 것이다.

그러나 시간에 대해서는 그다지 주의를 기울이지 않는다. 그러니 사람들은 자신도 모르게 시간을 낭비하기 쉽다.

❋❋ 선행에 대한 최대의 대가는 또 한 가지의 선행을 할 수 있다는 것이다

악을 두려워하는 사람도 처음 악을 저지르기는 어려워도 두 번째 악을 저지르기는 매우 쉽다. 그런 후로 더욱 쉽게 악의 포로가 된다. 악의 구렁텅이에 빠져 버린다. 이처럼 사람은 주위 환경에 잘 물든다. 잠깐 보지 못한 사이에 전혀 딴판으로 변해 버리는 경우가 있다.

이런 말은 주변에서도 흔히 들을 수 있다.

'아니, 자네가!'

'그 사람이 설마.'
'꽤 많이 변했군.'

사람들은 악에 대한 두려움을 가지고 있는 것과 마찬가지로 선에 대해서도 두려움을 갖는다.

'선행이란 어려운 것이 아닌가?'
'나와는 인연이 없는 것이 아닌가?'
'나 같은 사람이 선행을 할 수 있을까?'

흔히 사람들은 이런 생각 때문에 뒷걸음질을 친다. 그러나 선도 한 번 실천하고 나면 어렵지 않다. 그리고 그 다음은 더욱더 쉽다.

당신도 지금부터 선행을 실천해 보자.

❊❊ 선행보다는 악행이 빨리 번진다

어느 날 랍비는 이런 질문을 받았다.

"믿음이 강한 사람이 주위 사람들에게 올바른 행동을 강권하지 않는 이유는 무엇입니까?"

랍비는 이렇게 반문했다.

"우리들은 항시 선한 일을 하라고 말하면서, 왜 올바르게 살라고는 하지 않는가?"

제자가 다시 말했다.

"악한 자가 사람들을 악한 쪽으로 유혹할 때 훨씬 강한 힘을 발휘합니다. 또한 사람들을 악한 쪽으로 꾀어 패거리를 늘리고자 할 때에도 우리들보다 더욱 열심히 하고 있습니다."

랍비는 다시 대답했다.

"올바른 일을 하고 있는 사람은 혼자 걷기를 두려워하지 않지만, 나쁜 짓을 하는 사람은 혼자 걷기를 두려워하기 때문이라네."

❋❋ 악한 사람은 하얀 눈과 비슷하여 처음 보았을 때에는 순백하고 아름답게 보이지만, 금방 진창이 되어 버린다

악한 사람은 처음 만났을 때 누구에게나 아름다운 세계를 그려 보인다. 그것은 마치 온 세상이 은백색으로 덮인 설경과 같다.

그러나 현실이라는 태양이 비치면 눈은 녹아 온통 진흙투성이의 악한 세계만 펼쳐진다.

옛날의 랍비 리치나는 이렇게 말을 했다.

"나는 자신을 눈처럼 순백하다고 말하는 사람을 믿지 않는다. 눈은 금방 녹아서 진창으로 변하기 때문이다."

** 위대한 학자는 장사꾼이 될 수 없고, 위대한 장사꾼은 학자가 될 수 없다

이 말은 한 사람이 여러 방면으로 뛰어나기는 어렵다는 뜻이다.

이를테면 탈무드에 능통한 랍비라 할지라도 금고의 열쇠를 잘못 간직하는 수가 있고, 천하의 부를 혼자서 독식한 거상이라 할지라도 학문으로 보면 보잘것없을 때가 있다.

이와 같이 모든 사람에게는 한계가 있다. 한 가지를 잘한다고 하여 다른 것까지 잘할 수는 없는 노릇이다.

**악은 강기슭과 같은 것이다. 강기슭은 강물을 막지만 강줄기를 바로잡는다. 이 세상의 악은 물이 흐르듯 사람을 선으로 향하게 하기 위한 존재이다.

타고르

❋❋ 삶에 대한 격언

* 한 척의 배에는 한 사람의 선장이 필요하다.
....
* 세상은 두 사람 이상의 협력으로 이루어진다.
....
* 아무리 작은 불씨라도 큰 것을 태울 수 있다.
....
* 개가 두 마리 모이면 사자를 죽일 수도 있다.
....
* 행운이 찾아오는 데에는 지혜가 필요없다. 그러나 그 행운을 붙잡는 데에는 지혜가 필요하다.
....
* 인생에는 언제나 좋은 곳과 나쁜 곳이 있다.
....
* 배가 고플 때에는 노래를 하고 상처를 입었을 때에는 웃어라.
....
* 술은 나쁜 심부름꾼이다. 위장으로 가라고 했는데, 이를 어기고 머리쪽으로 가 버린다.
....
* 법은 존중하되 재판관은 존경하지 마라.
....
* 잠꾸러기는 이불을 뒤집어 쓴 채로 사회생활을 하는 것

과 같다.

. . . .

* 어떤 오르막길에도 내리막길이 있다.

. . . .

* 건강만큼 큰 보배는 없다.

. . . .

* 강한 사람이란? 감정을 다스리는 사람이다.

. . . .

* 풍족한 사람이란? 자기가 가진 것만으로도 만족하는 사람이다.

화를 낸다는 것은 불행을 자초하는 것과 같다

화가 치밀 때에는 스스로 감정을 억제하고, 어떤 행동이든 조심하는 것이 상책이다.

상대에게 다가서지도 상대의 얼굴을 쏘아보지도 말아야 한다. 또한 쏘아붙이지도 말아야 한다. 그렇지 않으면 화는 불처럼 점점 더 크게 번져 결국은 불행을 자초한다.

화내는 버릇을 없애려면 화내는 상대의 모습을 잘 살펴보는 것 또한 좋은 방법이다. 그 사람이 화를 내고 있을 때의 모습, 즉 이성을 잃었을 때의 막말, 험악한 얼굴, 증오에 찬 표정 등을 살펴보라. 그런 행동이 얼마나 천박한가, 그러면 스스로 화를 다스리게 될 것이다.

비록 존재를 깨달았다 하더라도 생각을 실천하지 못한다면 그들 속의 '나'는 존재하는 것이 아니다

바람 앞의 등잔에는 불꽃이 없고 낡은 가죽옷은 따스하지 않으니 이것은 모두 절망의 쓸쓸한 광경이다. 몸이 마른 나무와 같고, 마음이 식은 재와도 같다면, 비록 존재를 깨달았다 하더라도 몸과 마음이 모두 부실하게 되고, 사람이 너무 욕심이 없고 마음이 조촐하면 삭막하기 짝없다. 존재를 깨달았다고 해도 육체나 정신이 부실하면 무엇으로 세상의 바른 삶을 실천할 수 있겠는가.

인생 길은 오직 단 한 번밖에 지나갈 수 없다

그대는 이 세상을 단 한 번밖에 지나갈 수 없다. 이 순간도 지나가면 다시 돌아오지 않는다. 그러므로 그대가 할 수 있는 착한 일들과 그대가 실천할 수 있는 어떤 부분의 착한 행동도 이 순간에 실천해야 한다. 물러서서 그것을 뒤로 미룬다거나 지나쳐서는 안 된다.

왜 그런가 하면 그대가 다시는 이 길을 이 순간을 지나갈 수 없기 때문이다.

어려움을 극복하는 순간 행복은 잠시 머물다 간다

사람이 살아갈 때 무엇보다도 먼저 다가오는 것이 가난과 고통이다. 그 반면 행복은 행복한 시간만큼의 가난과 고통을 잊는 것에 불과하다. 그 틈새의 일부에 지나지 않는다. 그러기에 우리는 현실적으로 벌어들인 재산의 가치를 소중히 여기지 않고 낭비하는 것을 자연스럽게 생각한다. 그러나 이런 것들이 없어지고 나서야 비로소 그 참된 가치를 뼈저리게 느낀다.

행복해 지려면 어려웠던 시절의 가난과 고통을 생각해 내는 것도 하나의 방법이다. 현재 누리고 있는 만족을 보다 더 행복하게 해 주는 심리적 보상 방법일 수 있다.

행동은 나의 인생을 바꾼다

세상은 생각한 대로 이루어진다. 마음먹은 일을 행동으로 옮기면 이미 절반은 이루어진 셈이다.

누구든 꿈을 꾼다. 꿈을 꾸지 않는 사람은 미래도 없다.

그런 사람에게 누가 희망을 노래할까? 그런 사람은 희망이 없기 때문에 스스로 소외될 뿐이다.

희망을 가지면 포기할 수 없는 의지가 생긴다. 그 의지를 실현하면 용기가 생긴다.

그 용기로 바라는 일을 시작하게 되면 당신의 눈앞으로 놀랄 만한 변화가 일어난다.